基金项目

1. 教育部 2022 年度高校思想政治理论课教师研究专项一般项目"新时代……质量标准建构研究"（项目编号：22JDSZK053）
2. 山东省 2023 年高等教育本科教学改革研究项目"高校思政课教师专业化发展培养体系的研究与实践"（项目编号：M2023129）
3. 中国高等教育学会 2023 年度高等教育科学研究规划课题"新时代大学英语教师专业化发展与培养模式构建研究"（项目编号：23PXZ0426）
4. 中国高等教育学会 2024 年度高等教育科学研究规划重点课题"面向'人工智能+'国家战略的高校教师专业发展培养体系研究"（项目编号：24PX0305）

新时代高校英语
教学质量提升路径研究

赵才华　吕岩 ◎著

吉林大学出版社

·长春·

图书在版编目（CIP）数据

新时代高校英语教学质量提升路径研究 / 赵才华，吕岩著 . -- 长春 : 吉林大学出版社 , 2025. 1. -- ISBN 978-7-5768-4613-3

Ⅰ . H319.3

中国国家版本馆 CIP 数据核字第 2025PF7465 号

书　　名：新时代高校英语教学质量提升路径研究
XINSHIDAI GAOXIAO YINGYU JIAOXUE ZHILIANG TISHENG LUJING YANJIU

作　　者：赵才华　吕　岩
策划编辑：李承章
责任编辑：白　羽
责任校对：代红梅
装帧设计：云思博雅
出版发行：吉林大学出版社
社　　址：长春市人民大街 4059 号
邮政编码：130021
发行电话：0431-89580036/58
网　　址：http://www.jlup.com.cn
电子邮箱：jldxcbs@sina.com
印　　刷：北京北印印务有限公司
开　　本：787mm×1092mm　　1/16
印　　张：13.25
字　　数：200 千字
版　　次：2025 年 3 月　第 1 版
印　　次：2025 年 3 月　第 1 次
书　　号：ISBN 978-7-5768-4613-3
定　　价：76.00 元

版权所有　翻印必究

目　录

第一章　绪　论 ... 1
一、提升高校英语教学质量面临的机遇与挑战 ... 2
二、高校英语教学质量提升研究现状 ... 4
三、提升高校英语教学质量的根本遵循 ... 10
四、本书的章节内容安排 ... 12

第二章　高校英语教学质量提升基本建设 ... 15

第一节　强化英语一流专业建设 ... 15
一、健全英语专业培养标准 ... 16
二、加强英语专业内涵建设 ... 28
三、创新英语专业人才培养模式 ... 30

第二节　加强英语一流课程建设 ... 34
一、高校英语课程建设规划与执行 ... 34
二、英语课程体系设置与优化 ... 36
三、英语课程教学大纲制定与执行 ... 39

第三节　深化英语专业实践教学改革 ... 43
一、优化英语专业实践教学体系 ... 43
二、改革英语专业实践教学模式 ... 47
三、强化大学生实践创新能力培养 ... 49
四、深化创新创业教育改革 ... 51

第三章　高校英语教师队伍专业发展 ································· 57

第一节　数智时代高校英语教师专业发展的要求与挑战 ······· 57
一、数智时代高校英语教师专业发展面临的挑战 ················ 58
二、数智时代高校英语教师专业发展存在的问题 ················ 62
三、数智时代高校英语教师教育教学五大素养 ················ 66

第二节　数智时代高校英语教师发展培养体系构建 ············ 69
一、教师发展培养目标系统 ······································ 69
二、教师教学发展培训系统 ······································ 71
三、教师教学发展激励系统 ······································ 72
四、教师教学发展保障系统 ······································ 73

第三节　数智时代高校英语教师专业发展路径 ··················· 75
一、教师专业发展分阶段培训 ···································· 75
二、教师专业发展多维度培训 ···································· 76
三、加大教师专业发展支持力度 ································ 80
四、加强基层教学组织制度建设 ································ 84

第四章　大学生学习指导服务 ······································· 89

第一节　大学生指导服务体系建设 ································· 89
一、学生指导服务体系 ·· 90
二、分层开展学生指导服务 ······································ 96
三、学生指导服务组织保障 ······································ 97

第二节　大学生英语学习全过程指导服务 ························· 97
一、新生入学指导 ·· 98
二、专业认知指导 ·· 99
三、学业规划指导 ·· 99
四、学生选课指导 ··· 100
五、课程学习指导 ··· 101
六、实践环节指导 ··· 101
七、创新实践指导 ··· 102

第三节　大学生学业跟踪与评估 ……………………………………… 102
　　一、大学生学业跟踪评估体系 ……………………………………… 103
　　二、大学生学业跟踪与评估方式 …………………………………… 104
　　三、大学生学业形成性评价机制 …………………………………… 107
　　四、大学生学业帮扶机制 …………………………………………… 108

第五章　高校英语信息化教学改革 ……………………………… 111

第一节　现代信息技术与高校英语教学深度融合 …………………… 111
　　一、现代信息技术与高校英语教学融合的必然趋势 ……………… 112
　　二、现代信息技术与高校英语教学融合存在的问题 ……………… 118

第二节　基于网络教学平台的英语混合式教学改革 ………………… 122
　　一、混合式教学设计 ………………………………………………… 122
　　二、混合式教学基本规程 …………………………………………… 124
　　三、混合式学习方式 ………………………………………………… 126
　　四、混合式教学形成性评价 ………………………………………… 129

第三节　信息技术与高校英语教学深度融合的改进策略 …………… 131
　　一、优化混合式教学环境 …………………………………………… 131
　　二、加强混合式教学制度建设 ……………………………………… 132
　　三、发挥教师主导和学生主体作用 ………………………………… 136
　　四、推动信息化环境下教学创新 …………………………………… 140

第六章　高校英语教学质量管理信息化建设 …………………… 147

第一节　高校英语教学质量管理信息化存在的问题 ………………… 147
　　一、思想观念陈旧 …………………………………………………… 148
　　二、基础设施落后 …………………………………………………… 149
　　三、资源建设不足 …………………………………………………… 150

第二节　高校英语教学质量管理信息化建设的主要任务 …………… 152
　　一、加强信息化基础设施建设 ……………………………………… 152
　　二、进一步做好基础数据整合 ……………………………………… 153
　　三、加强校内信息资源建设 ………………………………………… 155

四、加强信息管理平台建设 …………………………………… 155
　　五、加强服务平台建设 ………………………………………… 157
　　六、完善支持保障措施 ………………………………………… 158

第三节　高校英语教学质量管理信息化建设重点项目 …………… 159
　　一、信息化基础设施建设 ……………………………………… 160
　　二、网络教学平台建设 ………………………………………… 161
　　三、教学交流平台建设 ………………………………………… 162
　　四、视频课程教学资源建设 …………………………………… 164
　　五、信息化管理服务平台建设 ………………………………… 164

第七章　高校英语教学质量保障体系建设 ……………………… 167

第一节　高校英语教学质量保障体系结构 ………………………… 167
　　一、教学质量标准体系建设 …………………………………… 168
　　二、教学质量保障结构体系 …………………………………… 174
　　三、教学质量保障组织与制度体系 …………………………… 176
　　四、教学质量管理队伍建设 …………………………………… 178

第二节　高校英语教学质量监控机制 ……………………………… 179
　　一、高校教学质量监控制度 …………………………………… 179
　　二、英语专业内部质量评价机制 ……………………………… 182
　　三、高校英语课堂教学质量评价 ……………………………… 187

第三节　高校英语教学质量改进机制 ……………………………… 189
　　一、学校层面的质量诊断与改进 ……………………………… 190
　　二、专业层面的质量诊断与改进 ……………………………… 191
　　三、课程层面的质量诊断与改进 ……………………………… 192
　　四、教师层面的质量诊断与改进 ……………………………… 193
　　五、学生层面的质量诊断与改进 ……………………………… 193
　　六、社会层面的质量诊断与改进 ……………………………… 194

参考文献 …………………………………………………………… 197

第一章 绪 论

　　随着人工智能、大数据、云计算、物联网等现代科学技术的迅猛发展，以数字化、网络化、智能化为核心特征的新一代科技革命浪潮正席卷全球。当前，我国经济发展进入新常态，已经由高速增长阶段转向高质量发展阶段，正处在转变发展方式、优化经济结构、转换增长动力、提高产业发展层次和水平的攻关期。随着人才强国战略、创新驱动发展战略等一系列国家战略举措的深入实施，国家对科技和人才的需求更加强烈，对于高等教育高质量发展的要求更为迫切。推动实现高等教育现代化，为中国式现代化提供更加强有力的科技人才支撑，是实现中华民族伟大复兴的客观要求，也是提升高等教育核心竞争力的关键战略举措。

　　提升教育教学质量是当前高等教育高质量发展的客观要求。改革开放以来，我国高等教育实现了从"精英化""大众化"到"普及化"阶段的跨越式发展，取得了历史性成就。高等教育在发展规模、速度等方面的巨大成就，在一定程度上掩盖了高等教育质量有待进一步提高的不足。进入新时代，我国正致力于实现由高等教育大国向高等教育强国的转变，其核心目标在于使高等教育更好地服务于经济社会发展，满足人民群众对高质量高等教育的需求，因此，提高教育质量已成为实现高等教育高质量发展的根本任务。提升教育教学质量是实现高校内涵式发展的重要抓手。高等教育的内涵式发展实质上是在发展中克服办学规模、办学质量与办学资源使用等诸多矛盾，实现规模优化、质量提升以及办学资源的合理化。不断解决影响高等教育内涵式发展的不利因素和障碍条件，提高人才培养质量，为社会主义现代化建设培养所需的人才，成为高等教育内涵式发展的重要抓手。提升教育教学质量是坚持立德树人根本任务的必由之路。高校的根本任务在于立德树人，人才培养质量的高低可以从学生所具有的知识、能力、素质中体现出来。提升教育教学质量的根本目的是为了促进学生的全方面发展，为社会主义现代化建设培养合格的建设者和可靠的接班人。

一、提升高校英语教学质量面临的机遇与挑战

"当今世界迎来了新一轮科技革命和产业变革浪潮，以人工智能、量子信息、移动通信、物联网、区块链等为代表的新一代信息技术正在广泛而深入地渗透到经济社会发展各个领域，传统产业融合的速度不断加快，新技术、新产业、新业态、新模式不断涌现，全球创新版图与经济结构正在重构，人类社会处于生产力大变革、大发展、大跃升的新阶段。"[1]从世界范围内经济发展来看，新一轮科技革命和产业变革正在引发世界格局的深刻调整。全球经济发展动力转向主要依靠人才和科技创新，迫切要求高等教育提供强有力的智力支持和人才支撑，并在国家创新体系中发挥主体作用。从我国经济社会发展现状来看，我国正在构建以国内大循环为主体、国内国际双循环相互促进的新发展格局，要求加快调整高等教育结构，使之与新发展格局相适应。经济结构调整和发展方式的转变，带来社会职业、人力资源需求和就业市场的重大变化，迫切要求高校调整优化专业结构和课程体系，优化人才培养模式，实现内涵式高质量发展，提高人才培养与经济社会发展需求的契合度。面对国际国内发展形势带来的新机遇与挑战，只有推动实现教学质量管理现代化，才能在新一轮的科技革命和产业变革中抓住机遇、克服挑战，实现跨越式发展。

从高等教育自身发展状况来看，大学生生源知识结构、学业基础、学习

---

[1] 郑延冰. 深刻认识大变局[N]. 人民日报, 2019-05-23(9).

动机、需求期望多样化，生源质量差异大。学生的学习体验、学习质量、学业成就等，对于课程设置、教师教学、师生互动和学生支持体系提出了更高要求。随着互联网、人工智能、语音识别等技术的迅速发展，以慕课、微课、翻转课堂、混合式教学等为代表的教学模式应运而生。教与学的形态不断被重塑，学生需要养成自主学习、终身学习的能力，教师从知识的传授者逐渐转变为大学生学习活动的设计者、指导者、组织者，大学需要营造人人皆学、处处能学、时时可学的学习环境。日益发展的开放教育体系正颠覆传统培养模式，形成各类教育教学资源充分链接共享的新格局。

为推进高等教育的高质量发展，党和国家作出了一系列重大战略部署。2018 年全国教育大会提出加快推进教育现代化、办人民满意教育、建设教育强国，标志着我国高等教育现代化进入了全面、全方位提升的新阶段。"双一流"建设深入推进，"新时代高教 40 条""质量 22 条"等文件陆续出台，新工科、新医科、新农科、新文科蓬勃兴起，"六卓越一拔尖"计划 2.0、一流本科专业和一流本科课程建设"双万计划"组织实施，标志着我国高等教育从规模扩张全面转向内涵式发展，高等教育改革发展日益成熟。

与此同时，我国高等教育发展也面临着严峻的挑战。我国高等教育规模在世界上排名第一，与美国、欧洲相比，规模优势明显，但质量和水平仍有较大差距。从高校办学实际来看，教育教学工作还存在一系列问题。例如，专业建设与学科建设统筹力度不足，学科专业间的协同、交叉、融合程度较低，人才培养理念、目标定位、课程体系、教学内容与行业、产业发展不相适应，专业人才培养与社会需求的契合度不高；课程体系不够科学完善，课程质量有待提升，课程教学方式和考核形式过于单一，通识教育与专业教育结合不够紧密，教师综合素质有待进一步提高；科教产教协同的育人机制还不健全，政府行业企业参与人才培养标准制定和人才过程培养的力度不够，实践教学弱化现象比较严重，教师缺乏实践经历，学生解决实际问题能力不强；教学管理比较僵化，师生参与提升教学质量的意识比较薄弱，培养方案、教学管理文件、课程教学改革等对于学生的重视程度不足；教学质量评价体系不健全，评价标准不明确，评价主体单一；国际化教育水平和合作办学质量不高，国内外优质教育资源引进不足。

从高等教育教学现状来看，随着国际国内形势复杂变化、我国经济发展转型升级以及信息技术推进教育教学的快速发展，传统的课堂教学受到了根本挑战。教师在教学过程中还难以做到"以学生为中心"，而习惯于将教学内容灌输给学生，学生主动参与教学的意识比较薄弱，缺乏判断思维和创新意识。大学生生源知识结构、学业基础、学习动机、需求期望多样化，生源质量差异拉大。大学生在校生中，精英学生已不占主体，缺乏明确发展规划、学习参与度不高的学生占了相当大的比重，这一现状带来了学习目标不明确、学习态度不端正等问题。如何深化人才培养模式改革，打破学科壁垒、贯通课堂内外、衔接理论实践、培养通识教育人才，成为高校面临的重大挑战。

二、高校英语教学质量提升研究现状

（一）相关研究的学术史梳理

一是教学质量研究学术史梳理。王小明基于1980—2016年高等教育十四种核心期刊，进行CiteSpace可视化分析，认为我国高校教学质量研究大致划分为探索尝试、明确落实、深化改革、平稳发展四个阶段，探讨了我国高校教学质量研究的轨迹、热点及未来走向[①]。曲霞、杨晓彤运用CiteSpace绘制了CSSCI数据库2000—2014年1048篇高等教育质量研究论文的关键词共现知识图谱，探讨了中国高等教育质量研究的话题演进与前沿趋势[②]。

二是教育教学质量管理存在的问题。李博、周萍认为，高校专业质量保障目前存在理念模糊与持续改进内生动力匮乏、数据孤岛与数据价值挖掘利

---

① 王小明.我国高校教学质量研究:轨迹、热点及未来走向——基于高等教育十四种核心期刊的CiteSpace可视化分析[J].教育学术月刊,2018(1):91-103.
② 曲霞,杨晓彤.中国高等教育质量研究十五年的话题演进与前沿趋势——基于CSSCI数据库2000—2014年论文关键词共现知识图谱分析[J].中国高教研究,2015(9):37-43.

用不够、管理队伍分散与管理理念更新落后等问题[①]。张智光认为,中国一流大学呼唤一流的教学及其全面质量管理,但实施中的主要障碍来自"全面管理"所带来的相关措施的繁杂、零散和非系统等问题[②]。姚志琴、万姝认为高校学生评教在运行中表现出重结果不重过程、重形式不重实效、重教师不重学生等"功利化"倾向,其根源在于教学管理部门"行政化"的驱使、学生评教异化为扭转教学弱势地位的工具以及教学质量评价方式的单一化等[③]。马凤岐认为,在我国高校内部教学质量管理中,存在"该管的没管好,不该管的管太多"的情况,既有失职,更有僭越,后者主要表现在学校教学工作规范、教学过程检查、课程考核等教学工作管理环节[④]。方潜生等认为,高校质量保障体系存在着质量标准不完善、保障机构不健全、质保效率不高等问题[⑤]。李贞刚等认为,当前中国高校教学质量保障工作在质量保障思想和理念、保障制度顶层设计、保障决策执行落实、监控技术与方法、信息处理与持续改进等方面存在突出问题[⑥]。

三是高校英语教学质量管理体系构建。姜晓萍、张伟科构建了新文科教学质量评价指标体系,包含了价值引领、师资水平、教学资源、教学过程、教学保障与学生成长六个维度[⑦]。张智光通过分析本科教学质量管理实际中存在的系统性问题,梳理全面质量管理的核心理念及其构成要素,构建面向一

---

① 李博,周萍. 数据治理赋能高校"四新"专业教学质量保障:实践阻塞与路径选择[J]. 中国大学教学,2023(6):57-62.
② 张智光. 一流教学质量体系的系统性障碍与集成化再造[J]. 高教发展与评估,2021(6):108-118+124.
③ 姚志琴,万姝. 高校学生评教的"功利化"倾向及反思[J]. 江苏高教,2020(9):73-77.
④ 马凤岐. 我国高校教学质量管理中的僭越[J]. 大学教育科学,2020(2):97-104.
⑤ 方潜生,黄显怀,程家福,等. 从审核评估看高校内部教学质量保障体系的完善[J]. 现代教育管理,2019(11):57-61.
⑥ 李贞刚,王红,陈强. 基于PDCA模式的质量保障体系构建[J]. 高教发展与评估,2018(2):32-40+104.
⑦ 姜晓萍,张伟科. 新文科理念下高校教学质量评价体系构建研究[J]. 中国大学教学,2023(10):75-81.

流大学建设的教学三维集成化模型及其运行机制[1]。刘卫东等提出了基于OBE模式的覆盖课程、专业、学院和学校四个教学组织层级的本科教学质量管理体系结构关系模型及其具体构成要素[2]。张安富、张华认为合理设计质量保障体系的核心要素与结构流程,把握质量保障体系的重要特征,构建质量保障体系有效运行的机制,是加强高校质量保障体系建设、实施高校教育质量治理的有效举措[3]。姚志琴、万姝认为应通过建立以学生为中心的评价指标体系、健全评教监督申诉机制、强化多元评教制度、建立学生评教协商机制等方式实现学生评教的本真价值[4]。马凤岐认为,高等教育质量保障的重心是建立完善的高校内部教育质量保障机制,并保证其高效运行。在教学质量管理实践中,培养目标和学生学习结果是高校教学质量管理的主要依据,对教师的教学过程进行质量管理主要是基于可靠研究基础去倡导和引导有效教学,而不是去"规范"教师的教学行为[5]。鲍威基于全国高校学生调查数据,采用多水平多元逻辑斯特回归分析方法,认为促进不同类型学生发展的高影响力教学实践包括六大核心要素:建构促进学生自主学习的教学管理制度、规制与参与相互交融的课堂教学方式、强化课堂场域外师生互动、提供学生多样化校园经历、优化高校经费配置结构、完善学生支持体系[6]。花伟等认为,科学规范的教学过程管理是提高本科教学质量的关键要素,借鉴能力成熟度模型集成(CMMI)的过程管理思想和方法,构建初始级、受管理级、已定义级、量化管理级和持续优化级等五个级别以及若干关键教学过程域的本科教学过程管理能力成熟度模型,并在此基础上重新梳理教学过程管理流程,建立有利于

---

[1] 张智光. 一流教学质量体系的系统性障碍与集成化再造[J]. 高教发展与评估,2021(6):108-118+124.

[2] 刘卫东,黄蕾,冯若雯. 基于OBE人才培养模式的本科教学质量管理体系重构[J]. 国家教育行政学院学报,2021(10):19-30.

[3] 张安富,张华. 高校教育质量治理:质量保障体系设计与运行[J]. 中国大学教学,2020(9):65-71.

[4] 姚志琴,万姝. 高校学生评教的"功利化"倾向及反思[J]. 江苏高教,2020(9):73-77.

[5] 马凤岐. 我国高校教学质量管理中的僭越[J]. 大学教育科学,2020(2):97-104.

[6] 鲍威. 跨越学术与实践的鸿沟:中国本科教育高影响力教学实践的探索[J]. 北京大学教育评论,2019(3):105-129+190.

促进持续改进的教学过程资产库，完善教学过程管理机制，实现教学管理模式从结果导向到过程导向、定性管理向定量管理的转变，不断提高教学管理效果，提升本科人才的培养质量[①]。许祥云认为，从"教学条件质量、教学过程质量、教学管理工作质量和人才培养质量"四个层面分步骤、分阶段构建高校内部本科教学质量标准[②]。李贞刚等认为，高校应当以PDCA模式所倡导的新理念、新思路与新方法为借鉴和指导，按照"决策—执行—监控—改进"的思路构建循环闭合的教学质量保障体系，促进人才培养质量不断提升[③]。华尔天等基于产出导向教育理念，同时借鉴全面质量管理和戴明环理论，从目标保障、资源与过程保障、产出质量保障、持续改进四个角度，探索由决策系统、实施系统、管理系统、反馈与修正系统组成的教学质量保障体系运行机制[④]。彭安臣等认为，高校内部质保体系应实现价值取向与技术实现的和谐统一；抓住保障目的与标准、保障主体、保障内容、保障方法等要素，构建"3W1H"模型；通过质量标准、教学促进、院校研究等局部要素的突破，带动内部质保体系的整体发展[⑤]。

四是高校英语质量管理中的数据治理。李博、周萍将大数据理论和内部质量保障理论有机结合，提出构建基于全面质量管理的专业教学质量保障体系，建构专业教学质量保障平台，推进专业教学数据全链条管理与应用[⑥]。刘坚等认为，课堂教学评价是教学质量管理的关键内容，因子分析构建的综合

---

① 花伟,张丽艳,丁国勇.基于CMMI的高校本科教学过程管理机制探索[J].湖北社会科学,2018(11):163-169.

② 许祥云.高校内部本科教学质量标准：概念界定与体系构建[J].清华大学教育研究,2018(3):58-66.

③ 李贞刚,王红,陈强.基于PDCA模式的质量保障体系构建[J].高教发展与评估,2018(2):32-40+104.

④ 华尔天,高云,吴向明.构建多元开放式本科教学质量保障体系的研究——基于产出导向教育理念的探索[J].中国高教研究,2018(1):64-68.

⑤ 彭安臣,曾洁,赵显通.高校内部教学质量保障体系：价值取向与技术实现[J].复旦教育论坛,2018(1):56-63.

⑥ 李博,周萍.数据治理赋能高校"四新"专业教学质量保障：实践阻塞与路径选择[J].中国大学教学,2023(6):57-62.

指标能有效反映现有各个教学评价指标的重要性，建立在评价综合指标因子得分基础上的聚类分析，能更清晰合理地进行课堂教学水平的等级划分[①]。郑庆华阐述了课堂教学质量的内涵及提高课堂教学质量的重要性，建立了涵盖学生评教、督导评教、管理人员巡教、学生考勤、课堂实况、学习绩效等综合反映教学质量数据，进行大数据挖掘，找出影响教学质量的因素，并进行关联分析[②]。

五是高校英语混合式教学质量管理。宫华萍、尤建新针对高校提升在线教学质量的迫切需求，运用全面质量管理（TQM）理论对在线教学质量因素及短板改进问题进行研究；运用"人机料法环测"（5M1E）因素分析法，构建了高校在线教学全面质量影响因素框架，明确了质量保证的维度；运用失效模式与影响分析（FMEA）方法，对高校在线教学质量短板问题进行风险分析，并结合短板问题的风险优先级和改进难易度，确定了"高风险"和"易改进"两类关键质量短板，指明了质量控制的重点；结合各质量因素风险和改进特征，提出在线教学质量短板改进方案和措施[③]。赵巍认为，后疫情时代线上线下混合式教学成为高校教学的新常态，高校在线教学管理应不断完善教学质量管理制度，加强教学过程管理和教师技能培训，为师生提供更优质的线上教学平台；同时，创建完善的线上线下混合式教学评价体系，以全面提升在线教学质量和高校人才培养质量[④]。

六是高校教学质量管理的外国经验。赵炬明、高筱卉介绍了美国高校的本科教学质量保障体系的构架，具体表现为一个使命（学校教育使命）、三个矩阵（通识教育矩阵、专业教育矩阵、课程教学设计矩阵）、两个辅助机构

[①] 刘坚,黄钰莹,颜李朝. 课堂教学评价数据挖掘与分析[J]. 湖南师范大学教育科学学报,2019(2):118-124.

[②] 郑庆华. 运用教学大数据分析技术提高课堂教学质量[J]. 中国大学教学,2017(2):15-18+39.

[③] 宫华萍,尤建新. 基于TQM的高校在线教学质量因素与短板改进研究[J]. 中国电化教育,2021(10):79-85+104.

[④] 赵巍. 后疫情时代的高校在线教学质量管理[J]. 现代教育管理,2021(5):107-112.

(教学支持中心和院校研究办公室)[①]。矫怡程介绍了德国高等教育体系认证的缘起、进展与成效[②]。郄海霞、张钰以加州大学伯克利分校为例,通过评价主体、评价内容和评价方法这一质量评价体系框架,探讨了美国一流大学本科教学质量内部评价体系[③]。申天恩、Richard Morris 探讨了高校内部质量保障体系建设国际比较与建设框架[④]。

(二)学术史研究现状述评

近年来,学术界关于高校英语教学质量提升的研究取得了丰硕成果,为后续深入研究奠定了坚实基础。从现有研究成果看,研究理论框架主要包括全面质量管理理论、系统论、人本主义理论等。其中,全面质量管理理论强调教学质量管理的全员参与、全过程控制和全面提升,为教学质量管理现代化提供了重要的理论支撑。系统论强调教学质量管理系统的整体性、层次性和动态性,有助于构建科学、合理的教学质量管理体系。人本主义理论关注师生在教学过程中的主体地位和个性发展,提倡以人为本的教学管理理念。

现有成果的研究方法主要包括文献分析法、案例研究法、实证研究法等。文献分析法通过对国内外相关文献的综述和分析,了解高校英语教学质量提升的主要研究成果、理论框架和研究方法等方面的信息,进而揭示研究现状和发展趋势。案例研究法选取某所高校作为案例研究对象,深入剖析其实践经验和存在的问题,通过对具体案例的深入剖析,提炼高校英语教学质量提升的实践经验和教训。实证研究法通过问卷调查、访谈等方式收集数据,运用统计分析等方法,为高校英语教学质量提升实践提供数据支持,揭示其内在规律和运行机制。

[①] 赵炬明,高筱卉. 关注学习效果:建设全校统一的教学质量保障体系——美国"以学生为中心"的本科教学改革研究之五[J]. 高等工程教育研究,2019(3):5-20.
[②] 矫怡程. 德国高等教育体系认证:缘起、进展与成效[J]. 外国教育研究,2016(2):3-16.
[③] 郄海霞,张钰. 美国一流大学本科教学质量内部评价体系探析——以加州大学伯克利分校为例[J]. 黑龙江高教研究,2015(2):43-47.
[④] 申天恩,Richard Morris. 高校内部质量保障体系建设国际比较与建设框架[J]. 高校教育管理,2015(1):23-29.

当前，高校英语教学质量提升的研究取得了丰硕成果，为后续研究奠定了坚实基础，但现有研究仍存在一些不足，需要进一步改进。一是对于高校英语教学质量提升的研究侧重于教学质量管理体系、具体管理方法等方面，而对于人才培养全过程的质量管理关注不够。深入推进高校英语教学质量提升的研究，应继续深化对教学质量的理论认识和理解，深入探讨其内涵和特征，加强教学全过程的实证研究。二是专业、课程、实验室、教师队伍、管理信息化等关键环节的研究成果丰富，但相关研究缺乏质量管理视角的整合，需要积极探索和实践教学质量管理现代化的新模式和新方法，关注新技术在教学质量管理中的应用和发展趋势，不断提升人才培养质量。

三、提升高校英语教学质量的根本遵循

面对世界和国家发展大势，习近平总书记站在世界和中国经济社会发展全局的战略高度，紧紧把握教育发展大势，系统论述了高等教育发展的全局性、战略性、方向性问题，为推动实现高校英语教学质量提升提供了根本遵循和行动指南。习近平总书记强调，要毫不动摇加强党对教育工作的全面领导，落实教育优先发展战略，建设高等教育强国，落实立德树人根本任务，建设高素质专业化教师队伍。习近平总书记的系列重要讲话涵盖领域广泛，论述内容丰富，阐发意蕴深刻。尤其是习近平总书记在全国教育大会上提出的"九个坚持"，是我们党对我国教育事业规律性认识的深化，来之不易，要始终坚持并不断丰富发展[①]。

立德树人是习近平总书记关于教育重要论述的核心议题。"高校立身之本在于立德树人。只有培养出一流人才的高校，才能够成为世界一流大学。""要坚持把立德树人作为中心环节，把思想政治工作贯穿教育教学全过程，实现全程育人、全方位育人，努力开创我国高等教育事业发展新局面。"[②]

[①] 习近平在全国教育大会上强调 坚持中国特色社会主义教育发展道路 培养德智体美劳全面发展的社会主义建设者和接班人[N]. 人民日报, 2018-09-11(1).

[②] 习近平在全国高校思想政治工作会议上强调 把思想政治工作贯穿教育教学全过程 开创我国高等教育事业发展新局面[N]. 人民日报, 2016-12-09(1).

立德树人具有丰富的内涵，核心是要求教育战线全面提高人才培养能力，切实提升学生的知识、能力和素质。"作为培育和践行社会主义核心价值观的主阵地，我国教育事业的根本任务是立德树人，即培养德智体美劳全面发展的社会主义事业合格建设者和可靠接班人。这个根本任务要求教育要为提高人民思想觉悟、道德水准、文明素养服务，为提高全社会文明程度服务，为理想信念教育、中国特色社会主义和中国梦宣传教育、民族精神和时代精神教育、爱国主义教育、集体主义教育、社会主义教育服务，为引导人们树立正确的历史观、民族观、国家观和文化观服务。"①

提升高校英语教学质量，本质上就是坚持立德树人，培养一流人才。"培养一流人才是中国高等教育新时代内涵式发展的最核心的标准。"②衡量一所大学办学水平的高低，不是看它的办学规模有多大，主要的评价因素是人才培养质量，看它是否向社会源源不断地输送栋梁之材，看有多少毕业生成长为著名的科学家、工程师、企业家、政治家和各行各业的精英，在各条战线上建功立业。当前，我国高等教育正处于内涵发展、质量提升、改革攻坚的关键时期和全面提高人才培养能力、建设高等教育强国的关键阶段，迫切要求建设高水平高等教育体系，实现高等教育内涵式发展。提升高校英语教学质量，培养一流人才，是适应全球化发展趋势、提高我国人力资本水平、增强国家核心竞争力、应对"智能+"教育发展挑战的重要战略举措。

提升高校英语教学质量，要以习近平新时代中国特色社会主义思想为指导，全面贯彻党的教育方针，落实立德树人根本任务，坚持以全面提高人才培养质量为核心，以深化教育教学改革为手段，以服务国家发展战略和区域经济社会发展为导向，以促进学生全面发展为中心，进一步解放思想，拓展思路，以特色发展带动内涵发展，完善高校人才培养体系，增强高校人才培养的保障措施和支撑条件，创新人才培养模式，加速推进课程教学模式改革，加强实践教学特色与内涵建设，提升教学信息化水平，加强创新创业教育，打造高水平素质教育平台，提高教学管理与服务水平，着力培养德智体美劳

---

① 教育部课题组. 深入学习习近平关于教育的重要论述[M]. 北京：人民出版社，2019：67.
② 吴岩. 一流本科 一流专业 一流人才[J]. 中国大学教学，2017(11)：4.

全面发展、具有丰富专业知识和实践能力，适应中国式现代化建设需求的高素质人才。

四、本书的章节内容安排

共书共分为七个部分。

绪论部分探讨了新时代高校英语教学质量提升面临的机遇与挑战、学术研究现状、根本遵循等，并介绍了本书的章节内容安排。

第一章高校英语教学质量提升基本建设，从一流专业、一流课程、实践教学三个维度，系统探讨了专业建设、人才培养模式、课程规划与执行、课程体系设置与优化、教学大纲制订与执行、课程思政建设、实践教学体系、实践教学模式、实践能力培养、创新创业教育改革等关系人才培养和教学质量的核心问题。

第二章高校英语教师队伍专业发展建设，从数智时代高校英语教师专业发展的要求与挑战、高校英语教师发展培养体系构建、高校英语教师专业发展路径等三个层面，系统探讨了高校英语教师专业发展面临的挑战、存在的问题、培养体系、激励和保障机制等关键问题。

第三章高校英语教学指导服务建设，系统探讨了高校英语学习过程中学生指导服务体系建设、学生学习全过程指导服务、大学生学业跟踪与评估等方面的重要问题。

第四章高校英语数字化教学改革，系统探讨了现代信息技术与高校英语教学深度融合、基于网络教学平台的高校英语混合式教学模式改革、现代信息技术融入高校英语教学的改进策略。

第五章高校英语教学质量管理信息化建设，从教学质量管理信息化存在的问题、主要任务、重点项目等层面，探讨了高校英语教学质量管理的信息化建设问题。

第六章高校英语教学质量保障体系建设，从教学质量保障体系建设、教学质量监控机制、教学质量改进机制等维度，系统探讨了高校英语教学质量标准体系、结构体系、组织与制度体系、质量监控制度、质量评价机制、质量诊断与改进等重要问题。

第二章
高校英语教学质量提升基本建设

专业和课程是提高高校英语教育教学质量的最核心要素。近年来，国家针对高等教育制定了一系列重大举措，倾力打造高等教育"质量中国"，其核心任务就是全面实施一流专业建设"双万计划"、一流课程建设"双万计划"、建设基础学科拔尖学生培养一流基地。提升高校英语教学质量，要求把立德树人贯穿人才培养全过程，加强英语专业内涵建设，创新人才培养模式，加速推进课程教学模式改革，加强实践教学特色与内涵建设，提升教学信息化水平，加强创新创业教育，打造高水平素质教育平台，提高教学管理与服务水平，着力培养德智体美劳全面发展的社会主义建设者和接班人。

第一节　强化英语一流专业建设

评价高校的办学水平，要看其专业是否为国所需、立足前沿、引领方向。专业是人才培养的基本单元，人才培养质量从专业层面体现。加强英语一流专业建设，一要坚持需求导向，主动服务国家战略和区域经济社会发展；二要坚持目标导向，牢固树立质量意识、标准意识、国家意识，严格落实专业类国家质量标准；三要坚持特色导向，根据高校办学定位和办学特色，加强专业内涵建设。根据高校办学定位、发展规划和目标，围绕国家经济社会发展重大需求，依托国家级、省级高层次平台，对英语专业加大投入，建设国家级、省级一流专业，突出专业优势和特色。以"重点带动、整体推进、突出特色、全面提升"为原则，充分发挥一流专业的示范、带动作用，实现优质资源共享。

一、健全英语专业培养标准

专业是人才培养的基本单位。高校应根据办学定位和服务面向，明确英语专业人才培养目标，在培养模式、课程设置、师资队伍、教学方式、管理服务、信息化应用等专业建设关键环节进行改革，建立促进英语专业发展的长效机制。

（一）合理确定人才培养目标

加强英语专业建设，首先应确定人才培养目标。人才培养目标既包括高校的人才培养总目标，也包括专业人才培养目标。英语专业必须具有公开的、符合学校定位的、适应社会经济发展需要的培养目标，这是英语专业建设的起点。合理确定专业人才培养目标，首先需要明确高校的办学定位，在此基础上，确定人才培养总目标及服务面向。

1. 合理确定高校办学定位

中共中央、国务院印发的《深化新时代教育评价改革总体方案》明确提出，要推进高校分类评价，引导不同类型高校科学定位，办出特色和水平。"高校的办学特色，一般来说，主要是指这所高校在发展历程中所形成的、具有持久稳定性且已经被社会所公认的发展方式和独特的办学特征。办学特色主要体现在办学理念、发展路径与体制机制等方面，但最根本的体现还是在学校的办学定位上。科学的办学定位既是一所高校发展的良好起点，同时也是高校实现个性化发展、提升核心竞争力的前提。"[①] 高校应坚持立德树人根本任务，以服务国家和区域经济社会发展、推动科技进步为使命，不断提高育人质量，提高学科建设水平和科学研究水平，提高科技开发能力、产学研合

---

① 刘望. 以特色强本色：新时代地方高水平大学建设之道[J]. 中国高等教育，2022(19):13.

作能力和文化传承创新能力。提升办学和人才培养质量，要求高校主动适应地方经济社会发展和行业科技进步的需要，认真总结办学经验，分析面临的机遇与挑战，依据自身的办学条件和发展潜力，明确自身办学定位。只有做到办学定位准确、发展规划科学合理、规划实施措施得力，才能有效促进高校高质量快速发展。对于不同类型的高校而言，应根据国家和社会需要，结合自身办学实际，合理确定办学层次，明确办学重点；合理设置学科门类，突出学科优势，走特色发展的道路。

"办学定位是高校在高等教育系统中的方位选择，实质是对'建设一所什么样的大学'的注解。"[1]高校科学合理确定办学定位的依据主要有以下几个方面。一是要主动适应国家、地方和行业发展的需要。我国经济发展进入新常态，创新驱动发展战略、"互联网+"战略、高教强国战略等一系列国家重大战略的深入实施，要求加快产业结构调整，促进工业化、城市化和高新技术产业化的发展步伐。同时，改善经济结构不合理、发展方式粗放、科技创新能力不足等问题，必须依靠科技进步和人才培养，解决科技发展领域"卡脖子"难题。二是要主动适应高等教育高质量发展的要求。随着知识与人才成为提高综合国力、增强国际竞争力的决定性因素，各国都把加强高等教育发展与人力资源开发作为占据国际竞争有利位置的基本策略。我国大力推进中国式现代化建设，优先发展教育，建设高等教育强国，目的就是要发挥高等教育的引领作用，深化高等教育改革，加快提升高等教育质量，推动我国经济社会高质量发展。三是要适应高校人才培养格局的需要。高校要深入挖掘自身在人才培养、科学研究、社会服务、办学资源等方面的特色和优势，以服务国家经济社会发展为宗旨，强化内涵建设和特色发展，为中国式现代化培养高质量人才。

高校的办学定位主要包括发展目标定位、办学层次定位、学科专业发展定位、服务面向定位等。高校应明确发展目标，并据此制定事业发展各个阶段的各项主要任务。明确办学层次定位，确定学校办学重点。明确培养面向

---

[1] 张健. 走好地方高校高质量特色发展之路[J]. 中国高等教育，2024(6)：51.

定位，深化学科专业建设与改革，加强学科建设，全面提升核心竞争力，优化专业人才培养方案，不断提高人才培养质量。明确人才培养目标定位，努力培养德智体美劳全面发展的社会主义建设者和接班人。

2. 合理确定专业人才培养目标

人才培养目标向来是我国高等教育政策中的关键性议题。我国本科教育人才培养目标演进主要包括三个基本特征：一是始终根据党的教育方针确立人才培养目标，二是始终坚持人才培养目标政治性要求与专业性要求的有机统一，三是始终依据社会主义现代化建设需要来确立人才培养目标[①]。进入新时代，全面提升人才培养质量，要求高校贯彻落实党的教育方针，坚持立德树人根本任务，面向国家经济社会发展需求，合理确定人才培养总目标；把服务国家、地方和行业发展放到高校办学的突出位置，发挥高校在人才培养、学科建设、科学研究、社会服务等方面的特色和优势，着力解决国家、地方和行业发展中的重大热点和难点问题。

确定人才培养总目标，首先要坚持高等教育为国家和地方经济建设和社会发展服务。遵循高等教育发展规律，适应国家社会经济发展对高等教育人才培养的需求，在总结高校教育教学改革成功经验的基础上，确定人才培养总目标。其次，把质量作为高校办学的生命线，牢固树立符合时代特征的人才观、质量观，按照学生成长需求，不断优化人才培养模式和人才培养体系，实现学生思想道德素质、科学文化素质、身心健康素质、创新精神和实践能力协调发展。再次，强化教学工作中心地位，一切工作紧紧围绕教学工作展开，以高水平科研促进教学水平的提高，不断增强质量意识，形成保证教学质量的长效机制，以高质量教育培养高质量人才。

高校人才培养总目标是制定英语专业人才培养目标的依据。英语专业人才培养目标应与高校办学定位、人才培养总目标相符合，与国家、社会及学生的要求与期望相符合。制定英语专业人才培养目标时，应对大学生的能力

---

① 张应强，张怡乐. 我国本科教育人才培养目标的历史演进及其基本特征——基于政策文本的分析[J]. 江苏高教，2023(10):18-21.

及培养要求作出明确规定，制定总体业务要求，提出毕业生能从事的工作范围，并在培养方案中具体列出基础理论、知识、能力和技能的要求。总体而言，英语专业学生应完成综合英语、高级英语、英语演讲与辩论等专业技能课程的训练，以及英语语言学、英语文学和英语国家社会与文化等基本理论和基础知识课程的学习，具备熟练的英语听、说、读、写、译等技能以及较高的语言、文学、文化素养，能够理论联系实际，在具备扎实的英语运用能力的基础上，拓宽在科技英语、应用翻译、英语教育等领域的相关知识技能。毕业生能够胜任涉外语言服务、跨文化交流、教学、科研以及管理等领域的工作。

在人才培养目标和英语专业人才培养目标确定后，高校应通过各种渠道向学生、教师、家长、用人单位等公开和宣传人才培养目标，以提高社会各界对人才培养目标的认可度，并根据经济社会发展要求，实现培养目标的优化改进。人才培养目标的公开渠道主要包括以下几个方面。

一是面向学生的公开渠道。主要包括新生入学教育、课程教学、学科竞赛活动、师生交流、网站宣传等。在新生入学教育环节，教师要向新生系统介绍英语专业人才培养目标、课程体系、毕业要求等，帮助学生认识和了解英语专业人才培养目标。在课程教学环节，任课教师结合所讲授的课程，解读各门课程学习目标与英语专业毕业要求的对应关系，通过各教学环节加强学生知识、能力和素质的培养，深化学生对培养目标的理解。在学科竞赛和科技创新活动环节，通过教师指导和学生自主学习、合作学习与探究式学习，帮助学生深入理解英语专业人才培养目标与要求。在各个培养环节，通过班主任制、学业导师制等，加强学业导师、辅导员、班主任等与学生的交流。此外，还可以通过校园网、教务管理系统、网络教学平台等，进行英语专业介绍，使学生了解培养目标、课程体系、毕业要求、就业方向等相关内容。

二是面向教师的公开渠道。通过修订培养方案、规范各类教学活动等，深化教师对英语专业人才培养目标的认识。在培养方案修订过程中，通过参与培养要求调研、培养方案修订、课程大纲制订等，促使教师进一步熟悉培养专业培养目标的修订过程，理解培养目标的内涵。在教学过程中，通过授课计划制定、教案编写、教学效果评价等途径，帮助教师理解英语专业人才培养目标以及承担的教学环节在培养目标和毕业要求达成中的作用。在教研活动中，通过教师交流、专家讲座等，加强教师对英语专业培养目标的认识与了解。

三是面向社会的公开渠道。通过招生宣传、专业宣讲、科研合作、用人单位走访、学生社会实践活动、网络宣传等渠道，宣传和介绍英语专业人才培养目标和培养要求，提高社会各界人士的认识与了解。

3. 英语专业人才培养目标合理性评价

人才培养目标合理性评价是修订和完善英语专业人才培养目标的前提。"围绕培养目标的合理性和达成情况开展科学有效的评价，是践行'成果导向'理念的重要一环，是构建专业'持续改进'机制的重要依据。[①]"高校应根据办学定位与人才培养方案修订的指导性原则，结合专业特点与社会需要，发挥高校、社会多方面资源优势，定期对人才培养目标的合理性进行评价，并将评价结果应用于培养目标的修订。

英语专业负责人、各课程负责人、骨干教师等具体负责英语专业人才培养目标的评价和修订、毕业要求制定、课程体系设置及课程大纲撰写等工作。首先，针对现有人才培养目标，组织校内外调研，对教师、毕业生、用人单位、专家等进行问卷调查、座谈、走访活动等，根据调研结果形成调研报告。其次，整理调查结果，根据用人单位对毕业生要求的需求点，结合高校办学定位及英语专业特色，评价英语专业人才培养目标的合理性，并进行合理修订。最后，由学院教学工作委员会审核并组织专家论证英语专业人才培养目标的合理性。

英语专业人才培养目标评价主要包括以下内容。一是结合当前国家经济发展形势和地区经济发展特点，评价英语专业人才培养目标是否符合国家与地区发展与变化的需求。二是结合当前行业、产业的发展形势，评价英语专

[①] 吴琛，麻胜兰，王展亮，等. 工程教育人才培养目标的多主体多要素模糊综合评价[J]. 高等工程教育研究，2020(5)：78.

业人才培养目标是否符合行业、产业发展与变化的需求。三是根据高校办学定位、人才培养总目标，评价英语专业人才培养目标与高校办学定位的一致性。四是结合英语专业规划与建设，评价人才培养目标是否反映本专业发展变化需求。五是根据用人单位发展需求和毕业生职业发展状况，评价英语专业人才培养目标与用人单位期望的符合度。六是根据英语专业资源条件的发展变化，评价英语专业人才培养目标与英语专业具备的资源条件的符合度。此外，开展英语专业人才培养目标评价，需要广泛征求教师、专家、学生、毕业生、用人单位等各方面的意见和建议。

（二）优化人才培养方案

专业人才培养方案是贯彻党的教育方针、实现人才培养目标基本要求的实施方案，是高校组织和管理教学过程的主要依据，"是教学和研究工作的'质量指南'"[①]。课程整合、结构优化、学生整体知识结构设计是人才培养方案制订的重点和难点，也是实现专业培养目标的关键。修订完善人才培养方案，要以习近平新时代中国特色社会主义思想为指导，全面贯彻党的教育方针，推动专业建设对接社会需求，完善课程教学大纲，对课程总体结构、课程类型和课程内容等进行全面优化。

1. 坚持学生中心

人才培养是高校的中心工作，修订英语专业人才培养方案应当围绕高校人才培养定位，以学生成长为中心，进一步明确社会需求、培养目标、毕业要求与课程体系之间的关系，以培养目标为依据确定毕业要求，以毕业要求为标准设计课程体系。

首先，以培养目标为依据确定毕业要求。根据经济社会发展对于人才的新需求，结合高校的办学特色和资源优势，制定出明确、具体、可衡量的英语专业人才培养目标。根据培养目标，制定相应的毕业要求，涵盖知识、技

---

① 李辉，周元. 行业特色高校高质量课程体系建设研究——基于40份本科人才培养方案的分析[J]. 高等工程教育研究，2023(2):51.

能、素质等多个方面，以确保学生毕业后能够胜任各种工作岗位。其次，以毕业要求为标准设计课程体系。根据毕业要求精心设计和组织课程体系，确保学生能够获得系统、全面、深入的专业知识和技能训练。注重课程之间的衔接和融合，避免知识重复和遗漏，提高学生的学习效率和学习质量。再次，为了满足学生个性化、多样化的学习需求，积极开设多种类型的课程，帮助学生拓宽知识视野、增强综合素质。结合学生的兴趣和特长，提供个性化的学习方案和指导，帮助学生更好地发挥自己的潜力。最后，注重实践教学环节的设计和实施。通过实习、科研等方式，让学生有机会将所学知识应用于实践中，提高实践能力和创新精神。

2. 将立德树人融入教育全过程各环节

党的二十大报告指出，教育、科技、人才是全面建设社会主义现代化国家的基础性、战略性支撑，强调"实施科教兴国战略，强化现代化建设人才支撑""加快建设高质量教育体系""全面提高人才自主培养质量"[1]。党的二十大报告首次将教育、科技、人才工作进行"三位一体"统筹部署，突出强调其对于中国式现代化的基础性、战略性支撑地位。在以中国式现代化推动实现中华民族伟大复兴的历史进程中，坚持德育为先，将立德树人贯穿于教育全过程、各环节，是高等教育高质量发展的关键环节。

立德树人是高等教育的根本任务，德育不仅是培养个人品质的基础，更是塑造民族精神和文化自信的关键。我们通过修订专业人才培养方案，引导学生树立正确的世界观、人生观和价值观，培养道德判断能力和社会责任感，注重文化知识的传授，增强文化自信。我们将思政元素融入各类课程，使之贯穿于整个教育过程，以实现思政课程与课程思政的有机融合。我们引导学生深入学习党的创新理论，理解党的路线方针政策，以增强对中国特色社会主义的认同感和归属感。引导学生将党的创新理论内化为自己的信仰和追求，外化为实际行动，使学生在成长过程中感悟党的创新理论的伟大力量，以新

---

[1] 习近平.高举中国特色社会主义伟大旗帜 为全面建设社会主义现代化国家而团结奋斗：在中国共产党第二十次全国代表大会上的报告[D].北京：人民出版社,2022:33-36.

时代党的创新理论为指引，实现铸魂育人。

习近平总书记在2018年的全国教育大会上强调，要努力构建德智体美劳全面培养的教育体系，形成更高水平的人才培养体系。"但目前学校开设的五育课程大多是由各学科课程拼凑而来，且零散地分布于学科或活动教学之中，致使五育课程流于形式，五育教学陷入困境，总体育人效果不佳。因此，构建合理、系统的'五育并举'学校课程体系已刻不容缓。"[①]高校应聚焦学生成长成才全要素，通过修订培养方案，强化以德树人、以智启人、以体育人、以美化人、以劳塑人，着力打造"五育并举"的学生素质教育公共平台，提升学生综合素质，促进学生全面发展，形成外语课程与课程思政的有机融合、协同联动、同向同行。打造人文素质教育公共平台，深化教育教学模式改革，塑造美好心灵，培养健全人格。将生态文明教育融入人才培养全过程，培养学生的生态文明意识。加强社会主义法治教育、国家安全教育和国防教育。坚持健康第一的教育理念，完善心理健康服务体系和体育课程体系，强化课外体育锻炼，健全竞赛活动管理体系，建立体质监测与评价制度，加强高校体育文化建设，让学生在体育锻炼中享受乐趣、增强体质、健全人格、锤炼意志。深化美育教育教学改革，打造美育公共平台，加强美育教学资源建设，创新美育实践教学，建立美育协同机制，提升学生的审美水平和人文素养。开设劳动教育课程，在专业中有机融入劳动教育，在课外校外活动中安排劳动实践，加强校园劳动教育文化建设，积极探索符合高校校情的劳动教育模式，教育引导学生崇尚劳动、尊重劳动，树立依靠劳动创造美好未来的理念。

3. 促进专业交叉融合

随着新一轮科技革命和产业变革的深入发展，深化专业内涵、促进交叉融合是推动英语专业高质量内涵式发展的重要趋势和必由之路。当前，学科交叉融合的趋势越来越明显，传统的专业界限已经变得日益模糊，促进专业

---

① 屈玲,冯永刚."五育并举"学校课程体系的构建及保障[J].中国电化教育,2023(12):41.

交叉融合成为推动英语专业发展的重要途径。"跨学科教学融合在欧美国家已有不少典型案例，但仍然以同类型专业融合为主。目前国内也大多强调相似、接近类型的学科交叉，在理学、工学、医学、人文社会科学等差异性较大类别的交叉融合，仍存在一定的现实局限性。"[①]在修订培养方案过程中，要积极推动不同学科之间的交叉融合，打破专业壁垒，构建多学科专业交叉融合的课程体系，拓宽学生的知识面和视野，培养学生的创新思维和解决问题的能力。

紧密结合办学定位和专业实际，在英语专业培养方案修订过程中，推动学科研究新进展和行业实践新经验融入专业建设。深化产学研合作，培养学生的创新精神和实践能力。加强与企业的合作，了解行业的最新发展动态和企业的实际需求，为英语专业建设提供有力的支持。加强与研究机构的合作，及时跟踪学科研究的最新进展，为英语专业发展提供源源不断的动力。鼓励教师和学生积极参与科研项目和实践活动，将研究成果和实践经验转化为教学资源，为英语专业内涵的深化和交叉融合提供有力支撑。

4. 强化实践创新能力培养

坚持协同育人、强化实践教学是培养创新型人才的重要途径。"当今世界呈现经济全球化、社会信息化、教育普及化等特征，新一轮科技革命和产业变革正在向纵深演进，世界发展瞬息万变，经济机会越发凸显，以创意经济为表征、以创新创意创业人才为支撑的新经济、新业态、新模式不断涌现。新时代需要高素质、卓越型、多样化的创新、创意、创业人才，……大学必须顺应知识经济、经济全球化的浪潮，主动求变，抓住培养学生创新精神、创意意识和创业能力这个关键，使学生在未来社会中不但能够积极开拓、勇于创新，还能以创意谋取职业或灵活就业，并且有能力创业，承担起实现中华民族伟大复兴的历史使命。"[②]高校应通过修订专业人才培养方案，不断探索和实践新的教学理念和教学方法，推动实验内容和实验模式的变革和创新，培

---

① 王俊,白杨,胡盟. 基于教学过程、年级和学科专业三维融合的交叉学科教学改革[J]. 教育研究,2023(8):115.

② 陈文兴. 高校"三创"人才培养体系的构建与实践[J]. 中国大学教学,2022(3):17.

养学生的创新精神和实践能力。

首先，推进实验教学内容改革。传统的英语实验教学偏重于知识的传授和技能的训练，而忽视了对学生创新思维和实践能力的培养。在专业人才培养方案修订过程中，应加大综合性实验的比例，引入更多的创新元素，激发学生的创新精神和探索欲望。加强英语专业实验教学的跨学科融合，鼓励学生将不同学科的知识和方法进行综合运用，以培养综合能力和创新思维。

其次，探索实践新的实验教学模式。传统的英语实验教学模式往往以教师为中心，学生处于被动接受的状态。通过专业人才培养方案的修订，构建以学生为中心的实验教学模式，充分发挥学生的主体作用和积极性。采用项目式学习、探究式学习等教学方法，让学生在实践中学习、在探索中成长。充分利用现代信息技术，如虚拟现实、人工智能等，丰富实验教学手段和资源，提高实验教学的效果和质量。

再次，鼓励学生将所学知识与实际问题相结合，积极参与科研创新训练。加强产学研合作与交流，了解产业、企业的需求，不断调整和优化课程体系和教学内容。密切与企业、科研机构的合作关系，共同开展科研项目和实践活动，为学生提供更多的实践机会和平台，促进产学研深度融合、科教融汇发展。

最后，深化协同育人模式改革。加强师资队伍建设，提高教师的实践能力和创新能力。定期组织教师参加培训、交流等活动，帮助教师更新教育观念、提高教学水平。积极引进优秀人才和专家学者，充实教师队伍、提高教学质量。加强高校与社会的联系和合作，积极寻求外部资源和支持。与企业、政府、社区等建立合作关系，共同开展人才培养、科学研究等活动。

5. 提升数字素养

在信息化浪潮的推动下，数字教育已成为推动社会进步和个人发展的重要引擎。"在大学生数字素养构成中，数字责任是彰显数字素养的高度与深度、提高数字化生活参与能力的最核心要素。对于大学生来说，在享受数字技术带来便利的同时，如何坚守道德底线、培育数字时代新的道德规范与责任感,成为数字素养培育的核心问题。"[①] 高校应紧扣数字素养培育核心问题,大力推进数字教育,全面提升学生的数字素养。在修订人才培养方案过程中,增加人工智能等数字素养类课程,同时加强高水平数字化教育教学平台和数字教育资源建设,以数字技术深度赋能人才培养,并将数字技能基础课程与英语专业教学紧密结合,从而全面提升学生的数字素养与技能。

增加人工智能等数字素养类课程是提升学生数字素养的基础。开设"人工智能导论""大数据分析与应用"等课程,可以让学生了解数字技术的基本概念、原理和应用,培养学生的逻辑思维能力和创新能力,为学生打下数字素养基础,从而为促进学生未来的职业发展、提高社会适应能力。

加强高水平数字化教育教学平台和数字教育资源建设是提升数字教育质量的关键。数字化教育教学平台可以提供丰富多样的学习资源和学习方式,满足学生个性化学习的需求。通过在线课程、虚拟实验室、互动课堂等方式,学生可以随时随地学习,自主掌握学习进度。数字教育资源建设将为学生提供更加便捷、高效、个性化的学习体验,提升学习效果和满意度。

在推进数字教育的过程中,还应注意将数字技能基础课程与英语专业教学紧密结合。数字技能基础课程是培养学生数字素养的基础,而英语专业教学则是培养学生专业能力和职业素养的关键。在英语专业教学中融入数字技能的培养,使学生能够在专业领域中更好地应用数字技术,从而提升学生的数字素养与技能。

(三)落实专业毕业要求

"专业必须有明确、公开、可衡量的毕业要求,毕业要求应能支撑培养目标的达成。"[②] "专业毕业要求是对学生毕业时应该具备的知识、能力和素养的

[①] 崔永江. 数字时代大学生数字素养培育的重心转向与路径选择[J]. 学校党建与思想教育,2024(13):74.
[②] 中国工程教育专业认证协会学术委员会. 工程教育认证通用标准解读及使用指南(2022版)[EB/OL].[2022-11-08].https://www.ceeaa.org.cn/gcjyzyrzxh/598540/index.html.

具体描述，可以看作专业教育的基本产出，……"①在英语专业建设过程中，为了落实毕业要求，专业要将毕业要求从能力维度分解为内涵观测点，明确课程对毕业要求的支撑关系，且每个毕业要求观测点都有相应的教学考核环节支撑。

为严格落实专业毕业要求，高校要通过多种渠道、采取多种措施，使师生深入了解英语专业的毕业要求，进一步提升对毕业要求各项指标分解点的认知情况。首先，加深学生对英语专业毕业要求的理解。每年通过招生章程、招生信息网等向即将入学的学生公开英语专业的毕业要求。通过新生入学教育、专业介绍，参观专业实验室等引导学生了解英语专业毕业要求。通过课堂教学和实践教学活动，向学生宣讲专业特色、培养目标、毕业要求和学习方法。专业课教师不定期地给学生讲解英语专业毕业要求，接受学生咨询。学生还可以通过学习各类课程、参加各类学科竞赛、参与实践环节，以及参加毕业生就业指导座谈会等多种方式，进一步加深对英语专业毕业要求的理解。通过调查问卷、座谈等形式了解学生对英语专业毕业要求的认知情况及意见反馈，促进专业培养方案的修订与完善。其次，加深教师对英语专业毕业要求的理解。组织英语专业教师全员参与培养方案的修订，全员参与毕业要求的修订、分解、达成、评价等环节。对毕业要求进行深入讨论，加深教师对毕业要求的认知，清楚地了解毕业要求的形成过程，使专业全体教师能够深层次、系统地理解英语专业的毕业要求。组织专业教师按照毕业要求等编写课程教学大纲，明确课程教学目标与相关毕业要求观测点的对应关系，规范教学过程，从教学内容和教学方法等方面紧扣毕业要求，使每位教师清楚所授课程的教学目标和毕业要求的关系，以及如何完成评价。通过定期组织教学研究活动加深对毕业要求的理解，要求每位教师针对自己的课程探讨教学心得，进行毕业要求达成情况的评价和总结。通过调查问卷、座谈等形式了解教师对毕业要求的认知情况及意见反馈，促进专业培养方案的进一步修订与完善。最后，加深社会对英语专业毕业要求的理解。通过会议、互联网等

---

① 蒋宗礼.工程教育专业认证中的几个问题刍议[J].中国大学教学,2024(6):4-5.

各种渠道面向社会宣传，并征集社会各界人士对英语专业发展的意见。

二、加强英语专业内涵建设

专业内涵不仅仅是指专业知识的深度和广度，更是专业素养、专业思维和专业能力等多方面的综合体现。衡量一所大学办学水平的高低，主要的评价因素是人才培养质量，看它是否向社会源源不断地输送栋梁之材，看有多少毕业生成长为著名的科学家、工程师、企业家、政治家和各行各业的精英，在各条战线上建功立业。目前高校的英语专业建设还存在一定短板，如英语专业建设与学科建设统筹力度不足，学科专业间的协同、交叉、融合程度还比较低，专业优势与特色体现不明显；英语专业人才培养与社会需求的契合度不高，人才培养理念、目标定位、课程体系、教学内容与经济社会发展不相适应等。解决这些问题，要求高校切实采取措施，加强英语专业内涵建设。

（一）加强教学基础建设，保障人才培养质量

加强国家级和省级一流英语专业建设，加强专业群建设，全面提升综合竞争力。制定校、院、系三级课程建设规划，明确重点建设课程，重点资助建设专业主干课程群或核心课程群。严把课程质量关，通过学科交叉、学科融合，课程间的整合，实现课程的有机结合，促进课程创新。加强国家级—省级—校级一流课程、精品资源共享课、精品视频公开课等课程资源建设。建立教学资源共享平台，推动优质教育资源向师生开放。构建国家、省（部）、校、院四级教材建设体系，完善教材管理办法，资助高水平教师编写出版规划教材、创新教材、特色教材。注重纸质教材、电子教材和网络化教材的有机结合，实现教材建设的立体化和多样化。完善国家、省（部）、校三级本科教学工程体系，加大奖励力度，强化项目管理措施，健全监督机制，切实发挥建设项目在推进教学改革、加强教学建设、提高教学质量上的引领、示范、辐射作用。

（二）深化教学改革，提高教学质量

贯彻"以学生为中心"的教育理念，以能力培养为主线，努力实现从注重知识传授向更加注重能力培养的转变。因材施教，分类培养，努力实现基础理论知识与实践创新能力的统一、科学精神与人文精神的统一、全面发展与个性发展的统一。遵循人才成长规律，适应社会经济发展需要，积极探索多种人才培养模式。优化课程体系，树立新的课程观，统筹各类课程资源，按照人才培养目标合理设计课程结构，课程比例体现不同类型人才培养规格的要求。结合英语专业培养标准，构建由专业核心课程组成的课程体系，保证英语专业基本知识点的传授和基本技能的培养，注重结合专业自身优势进行课程体系的整合与教学内容的改革，突出英语专业的人才培养特色。积极推进英语教学模式改革，鼓励教师运用网络教学平台开展教学活动。鼓励教师采用启发式、探究式、讨论式、参与式等教学方法，探索研究型教学和以项目为驱动的课程教学。改革课程考核方式，将学习过程考查和学生能力评价相结合。进一步推进学分制，修订和完善相关制度，深化教学管理改革。构建和完善高校学分互认体系，推进高校跨校、跨专业选课，学分互认。加强与国内外高校的交流互通，推进校际学生互访。

（三）加强制度建设，强化教学管理

教学管理制度关系解决人才培养和教育教学工作中的重点难点问题。"从一般功能上说，大学教学管理制度的生成和实施具有秩序功能——形成某种教学秩序，保障大学教学活动和谐有序。从特殊功能上说，大学教学管理制度的生成和实施具有发展功能——促进学生个性发展、自由全面发展和辩证发展。"[①]加强制度建设，就要健全校院两级教学管理模式，明确校院两级教学管理职责。建立和完善各个教学环节的质量标准，完善校、院二级教学质量监控体系。完善激励约束机制，实施优秀教师奖励计划，对教学工作成绩

---

① 李枭鹰,何文栋. 论大学教学管理之制度依赖的内在逻辑[J]. 现代教育管理,2021(3):104.

突出的教师给予奖励。加快教学管理信息化建设,推动教学管理的信息化进程。改造升级校园网,完善网络辅助教学平台、教学管理信息系统,提升信息化教学管理效果。加强学风建设,完善学生管理规章制度,把求知成才作为学风建设的中心任务。加强考试的规范化和科学化管理,加强考风考纪教育,严肃考场纪律,严格评分标准。建立毕业生就业、工作情况年度分析等制度。

(四)加强实践教学体系建设,推进创新创业教育

强化实践教学,统筹协调理论教学与实验教学,探索建立实验教学与理论教学队伍互通的有效机制,建设高素质实验教师队伍。整合实验教学内容,增加独立设置的实验课程。完善实验室管理办法,加强实习基地建设。加强创新创业教育,积极资助大学生创新创业项目,校企共同开展创新活动。鼓励组织开展学科创新竞赛活动,选拔优秀学生参加国内外高水平学科创新竞赛活动。

(五)加强教师队伍建设,提升师德水平和教学能力

贯彻落实高等学校教师职业道德规范,多渠道加强教师职业理想和职业道德教育,增强高校英语教师"立德树人、教书育人"的责任感和使命感。建立健全师德建设长效机制,将师德纳入教师考核评价体系,将师德表现作为教师评优、职称评聘的首要内容。加强英语教师教学能力培养,培养优秀教学团队和教学名师。重视教师教学发展中心建设,有计划地开展教师培训、教学咨询等工作。加大教师赴国(境)外学习和研修支持力度,提升教师队伍的国际化水平。

三、创新英语专业人才培养模式

人才培养模式是人才的培养目标、培养规格以及实现培养目标和规格的方法和手段,关系着"培养什么样的人""怎样培养人"这一重大问题。高校应牢固树立学生中心、目标导向、持续改进的教育理念,根据国家、地方、

行业需要，深化科教产教融合，促进多主体协同、多学科交叉融合，积极探索实施多种人才培养模式，以满足经济社会发展对多样化人才的需求。

（一）英语专业人才培养模式存在的问题

改革开放以来，我国的高等教育发展取得了巨大成就。高等教育规模跃居世界第一位，结构与体系不断优化，培养了大批高素质人才，有力地支撑了我国经济社会发展，为社会主义现代化建设作出了重大贡献。十八大以来，党和政府推出了一系列标志性、引领性的重大教育改革举措，在解决高等教育深层次、根本性问题上取得重要突破，办学质量和水平显著提升。但目前"大而不强"仍然是我国的高等教育面临的主要问题。我国已经建成了世界上规模最大的高等教育，但是培养的人才与社会需求契合度不够，社会参与不足，"人才培养结构与社会需求契合度不够，教育支撑引领创新发展和服务国家对外开放大局的能力亟待提升"[1]。总体而言，英语专业人才培养与经济社会发展衔接不够紧密，存在四个方面的"不适应"，即理念不适应、人才结构不适应、知识体系不适应、培养模式不适应。

产教融合协同育人是高等学校加强与社会联系、密切服务经济发展、培养学生创新精神和实践能力的重要途径。但长期以来，英语专业人才培养普遍存在着"社会参与不足"[2]的问题。目前大多数高等院校已经认识到了产教融合协同育人的重要性，但限于历史条件和客观原因，英语专业人才培养还普遍难以与产业发展、企业需求形成有效对接。有的高校关起门来搞教育，偏重于学生知识的培养，教学内容、课程体系、实践锻炼都与产业发展严重脱节。有的高校科研导向过重，片面追求论文数量、科研立项等，忽略了社会服务功能，与社会联系不够密切。而对于企业来说，企业生产的主要目的是营利，因而更偏重于直接追求产值与利润。由于人才培养需要较长的周期、较大的投入，企业往往忽视校企合作培养人才对于企业长远利益的重要性，而普遍缺乏人才培养意识。只有为数不多的企业能够从长远角度来思考自身

---

[1] 本书编写组.习近平总书记教育重要论述讲义[M].北京:高等教育出版社,2020:6.
[2] 习近平.论坚持全面深化改革[M].北京:中央文献出版社,2018:474.

发展的战略问题，对于校企合作培养人才倾注一定的热情。

我国传统的教育模式更重视理论知识的传授，而忽视学生综合素质和实践创新能力的培养。"人才培养模式'科学化'的趋势越来越凸显，重理论、轻实践，重课堂、轻课外，重精深、轻综合，重灌输、轻自学，培养的人才与社会各行各业的需求不适应。"[1] 随着高等教育大众化、普及化的跨越式发展，办学规模不断扩大，教育投入相比规模的扩张严重滞后，学生缺少实践动手机会，尤其是实习基地建设内涵不足，严重影响学生实践能力和创新能力的培养。学生高分低能现象比较普遍，基础知识单薄，素质、能力培养不足，缺乏实践能力和创新能力。

当前校企合作覆盖面不够，合作层次较低。从覆盖面来说，高校更倾向于同国有企业，尤其是国有大中型企业进行合作；而对于小微企业，则普遍缺乏合作兴趣。但是由于小微企业在中国企业中占大多数，这就造成校企合作覆盖面不够的问题。从合作层次上来说，校企合作的重点一是科研课题和成果转化，二是教师队伍和业务骨干培养，三是共建实践教学基地。出于利润的考量，企业对于科研课题和成果转化往往有更大的积极性，但目前的课题合作，往往以经济效益为着眼点，倾向于"短平快"的短期合作，而中长期合作课题较少，不利于产出重大成果，校企合作缺乏长期稳定性、忽视社会效益。从教师队伍和业务骨干培养来看，企业更乐于通过校企合作，提高业务骨干的学历层次，而对于教师的工程实践兴趣不高。从共建实践基地来看，现在基地往往表现为数量的增多，但内涵建设不足，实践锻炼流于形式。

产教融合协同育人的关键在于有效地实现高校和产业教育资源的有效利用与高效整合。"校企合作，从大学的立场出发，就是通过校企合作履行服务社会的职责，其具体形式往往是为地方经济社会发展培养所需要的各类人才，或为地方行业企业解决科技难题等；而从企业的立场出发，通过校企合作得到了人才资源、科技支撑，推进了企业的持续发展。"[2] 从我国当前的情况来

---

[1] 张安富,刘兴凤.实施"卓越工程师教育培养计划"的思考[J].高等工程教育研究,2010(4):56-57.

[2] 江作军.应用型大学校企合作的现实逻辑与路径创新[J].中国高等教育,2021(22):22.

看，尽管许多高校与产业界探索了多种模式的合作教育，但是，产教融合关系较为松散，迫切要求建立有效的协同育人长效机制，切实增强英语专业人才培养对经济社会发展的支撑度。

（二）深化英语专业人才培养模式改革

当今世界已经进入智能化时代，新一代信息技术发展日新月异，基于信息物理系统的智能装备、智能工厂等正在引领产业变革。信息化与工业化深度融合，以及互联网带来经济、思维和模式的深刻变革，要求高等教育牢固树立面向产业界、面向世界、面向未来的人才培养理念，主动对接强国战略，围绕互联网、云计算、大数据、物联网、智能制造等新兴产业和业态，构建"智能+""互联网+"高等教育模式，推动传统英语专业的转型升级，培养高素质人才。

面对智能时代对于人才知识、素质、能力的新要求，英语专业人才培养需要结合国家新文科建设，全面对接探索人才培养模式转型。首先，改造升级传统英语专业。根据国家经济社会发展需求，积极面向互联网、云计算、大数据、物联网、智能制造等新兴产业和业态，优化人才培养专业体系。推动学科专业的交叉融合，培养学生的学科交叉能力和跨界整合能力。根据人才培养需求，重构人才培养方案，优化课程体系，重塑实践教学体系，培养能够支撑新文科发展的卓越人才。

其次，校企联合培养卓越人才。密切校企合作，积极建设一批先进实验室，通过实地教学与远程虚拟教学等多种教学模式，实现实验室资源共享。积极引进国内外各类优质课程资源，校企联合研发新课程，更新教学内容，共建云教育支撑体系。强化英语实践教学内容体系，着力提高学生的实践创新能力。

第三，建设高质量英语专业教师队伍。制定教师培训计划与相关激励政策，加强英语专业教师的培养和培训，建设适应新时代人才培养需求的教师队伍。聘请国内外知名专家学者定期开展培训，提升教师国际化视野，丰富教师知识储备，提高教师授课水平，建设理论素养高、实践能力强的高素质专业化教师队伍。

最后，健全政校企合作机制与平台。充分发挥合作发展委员会和理事会职能，深化政校企合作和产教融合。邀请行业企业专家参与制定英语专业建设规划、修订专业人才培养方案；扩大校企合作项目数量，鼓励实施校企合作、中外合作办学项目。与产业界建立广泛、畅通、有效、信任的合作机制与平台，联合共建课程、实验室、实习基地等。

第二节 加强英语一流课程建设

专业是课程的组织形式，专业建设要落脚到课程建设。课程决定着知识的组织和讲授，是决定教育质量的关键要素。"课程和教材是人类文明成果、民族优秀文化的重要载体，是党的教育方针、国家意志和社会主义核心价值观的集中体现，是学校教育教学活动的基本依据，在人才培养中发挥着核心作用。"[①]加强英语课程建设,首先要优化课程体系，这是教学和学习的前置性要素，是保障教学质量的基础。其次要按照"高阶性、创新性和挑战度"的要求，抓好课程定位和课程内容这两个关键。此外还要进行课程教学方法改革，不断提高课程建设质量，建设一流课程。

一、高校英语课程建设规划与执行

课程建设规划规定了一定时期内课程建设的各项主要任务，是高校课程建设的纲领性文件。课程规划主要有三个基本向度："首先，通过学校层面三级课程的资源整合，提升教育目标，发挥地域优势，彰显学校特色；其次，通过学习领域的组织，明确学科知识的关联性，关注学生的思维发展；再次，通过课堂教学的设计，实现整体化目标导向，制定弹性化教学任务，并使教

---

① 中国教育科学研究院课程教学研究所课题组. 深化课程改革是落实立德树人根本任务的必由之路[J]. 中国教育学刊,2017(7):1.

学反思走向常态化。"①

（一）合理制定英语课程建设规划

制定英语课程建设规划的主要目的是保证高校的英语课程建设质量。课程建设规划对于课程建设的基本要求是要保证课程数量充足，课程比例合理，课程资源建设与培养目标相适应，课程、教材以及网络资源、学科与科研资源等辅助教学资源内容丰富，满足教学工作需要。英语课程建设规划的内容主要包括：深化英语课程体系和教学内容改革，推进英语教学模式创新与教学方法改革，进一步规范英语课程管理，加强英语课程教学队伍建设，深化英语课程改革，加强英语教材建设，强化实践课程教学，加快英语课程教学资源建设等。高校应根据英语专业人才培养目标，结合办学实际，制定合理可行的英语课程建设规划，明确课程建设标准，完善课程建设措施，保证课程建设规划有力执行。

在高校层面，持续加大对英语课程群的投入，确保其教学质量和效果。在学院层面，根据英语专业特点和发展需求，制订具体的课程建设规划，重点关注专业主干课程群和核心课程群的建设。为了确保英语课程建设质量，要求学院层面加强对课程建设项目的监督与检查，确保项目按期完成并达到预期效果。同时，要采取有效措施，解决重立项、轻建设的问题，确保课程建设的实效性和可持续性。

在英语课程群的管理方面，强化教研室的管理责任，实行课程负责人负责制。"课程群的构建，其实质是立足学校实际，以统整的方式将分立、割裂的不同课程按照一定的内在逻辑建立相对独立、有内在关联的课程体系，使之更好地满足学生课程需求、发挥课程整体育人的功能。可以说，课程群的构建是对学校整体课程体系'细化''深化''优化'的探索，也是对具体单门或两门课程整合的超越，对促进学生发展和提升学校质量具有重要的意义。"②课程负责人负责课程群的规划、组织、实施和评估等工作，确保课程群的教

---

① 车丽娜. 论学校课程规划的基本向度[J]. 西北师大学报（社会科学版），2015(7):88.
② 杨清. 学校课程群构建：为何、是何与如何[J]. 教育科学研究，2023(10):65.

学质量和效果。高校应注重培养课程带头人、教学骨干和青年教师，提供必要的培训和支持，帮助其提高教学水平和课程建设能力。

在具体课程建设方面，根据英语专业培养目标，明确每门课程的课程目标，并进一步完善教学大纲、授课计划、教案、试卷、试卷分析、课程总结等课程教学档案建设。通过加强教学档案建设，进一步规范教学过程、提高教学质量和效果。

（二）保证英语课程建设规划有效执行

在深入实施英语课程建设规划的过程中，要采取一系列具体有力的措施，确保规划的有效执行和目标的顺利实现。首先，进一步完善英语课程建设的质量监控体系。加强对课程建设项目的监督与检查，建立定期的课程评估机制，通过学生评价、同行评议、专家评审等多种方式，对英语课程质量进行全面评估。评估结果将作为改进英语课程建设的重要依据，同时也是对课程负责人和教学团队工作绩效的重要评价标准。其次，加大英语课程建设的投入力度，鼓励校企合作、产学研合作等多种形式的合作，共同推动英语课程建设的发展。再次，注重英语课程团队建设。优秀的课程团队是确保课程建设成功的关键，高校要加强对课程负责人的选拔和培养，鼓励教学团队之间加强交流和合作，分享教学经验和方法，共同提高课程建设的整体质量。英语课程建设是一个长期而持续的过程，需要高校建立长效机制，如将课程建设成果列入主讲教师的主要工作业绩，并在职称晋级、考核评优等方面优先考虑。通过建立长效机制，确保课程建设的持续投入和不断改进。

二、英语课程体系设置与优化

"广义的课程体系是在一定的教育价值理念指导下，将课程的各个构成要素加以排列组合，使各个课程要素在动态过程中统一指向课程体系目标（或专业目标）实现的系统。一般认为，它包括三个层次：一指宏观的专业设置，涉及高等教育的学科及专业；二指中观的课程体系，涉及某专业内部课程体系的问题;三是指微观的教材体系,是某专业内某具体课程的教学内容方面。"①英语专业课程体系的结构性优化,通常指的是中观层次,课程体系是教学内容和进程的总和,主要由课程目标、课程内容、课程结构等组成。高校应认真落实课程建设规划,结合人才培养方案修订,整合和优化英语专业课程体系。以突出学生能力培养为主线,构建由公共基础平台、专业基础平台、专业方向平台和专业特色平台有机联系、逐层递进的课程体系和教学内容。坚持知识、能力和素质协调发展,根据经济社会发展和科技进步的需要,及时更新和完善教学内容,处理好单门课程建设与系列课程改革的关系。

(一)合理设置高校课程体系

课程设置不仅涉及知识的组织和讲授,还直接影响到教育质量。目前各高校的课程体系由于高校办学定位、人才培养目标、培养规格等差异而不尽相同,但基本上包含通识教育课程、专业课程、实践环节课程等类别。

一是通识教育课程。"通识教育作为高等教育的重要组成部分,追求知识的整合,着力促进个体全面发展,其核心在于通过将专深知识与宽泛知识结合,培养具有批判性思维、跨学科意识和健全人格的完整的人。高校在推进通识教育实践过程中,需要构建和依托相应课程,以使通识教育理念具备可行性,推动人才培养向强化学生主体性素养转变。"②通识教育课程旨在拓宽学生的知识视野,帮助学生打下扎实的学术基础,提升学生的综合素质。我国高校通识课程名称设置因校而异,课程设置通常分为两大类:通识教育必修课程和通识教育选修课程。通识教育必修课程主要包括思想政治理论课、高等数学、高校英语、大学物理、体育与健康等课程。通识教育选修课程灵活多样,根据高校的实际情况和学生的需求开设。当前多数高校根据自身特色和资源,按模块开设通识教育选修课程,涵盖了历史、文化、国际视野、科技创新等多个领域,鼓励学生根据自己的兴趣和职业规划选择适合自己的课

---

① 胡弼成.高等学校课程体系现代化研究[D].厦门:厦门大学,2004:19-20.
② 李广平,陈武元.从设置现状到实施效果:对我国高校通识课程质量的反思[J].中国高教研究,2023(7):82.

程，拓宽知识面，培养跨学科的思维能力。

二是专业课程。专业课程通常分为专业必修课程和专业拓展课程，其中专业必修课程分为专业基础课程和专业核心课程。专业基础课程是按照专业类设置的基础课程，体现专业素质培养的基本要求。专业核心课程是相对稳定、形成学生专业特质的核心必修课程。英语专业应根据专业培养目标和毕业要求，在符合专业类国家标准基本要求基础上，精练教学内容、追踪学科前沿、强化实际应用、突出专业特色，建立最优化的涵盖专业核心知识的课程群。专业拓展课程是增强学生专业综合素养与能力、拓宽专业知识面的课程，符合前沿性、创新性，注重跨学科交叉和产教融合，通过项目式学习、案例分析等方式，让学生在实践中掌握专业知识和技能，提升解决问题的能力。

三是实践环节课程。"实践活动既包括课内、课外的，也包括校内、校外的，既包括学科的实验、操作、实训课，也包括志愿服务、社会实践、职业体验等活动。通过这些实践活动不仅能够加深学生对知识的理解，也能有效培养学生的创新精神，提高学生的实践能力，增强学生的社会责任感，提高学生的思想品德，达到知行统一的目的。"[1] 实践教学环节是培养学生专业能力、创新创业能力和综合素质的重要环节，是实施产教融合、科教融汇、校企合作协同育人模式改革的重要载体。实践环节通常分为通识实践、专业实践和综合实践三类。通识实践课程主要包括思想政治理论课综合实践、军事技能、劳动实践、创新创业实践等。专业实践课程主要包括实验、实习等。综合实践课程主要包括综合性实践、毕业论文等。

（二）优化英语专业课程体系

专业课程体系直接关系"什么知识最有价值"这一人才培养的核心命题，专业课程体系建设主要有三个维度的价值取向：一是强调专业知识的储存性，更重专业知识的实用性；二是强调专业知识的广深性，更重专业知识的发展性；三是强调专业知识的科学性和统一性，更重视专业知识的多样性

---

[1] 中国教育科学研究院课程教学研究所课题组.深化课程改革是落实立德树人根本任务的必由之路[J].中国教育学刊,2017(7):5.

与特色化[1]。

实现英语专业人才培养目标，要求高校英语专业课程体系设置能够支持毕业要求的达成。高校在进行英语专业课程体系构建时，应以支撑毕业要求达成为目标，在专业调研和合理性评价的基础上，结合专业实际支持条件，优化英语课程体系及其对毕业要求的支撑矩阵，厘清毕业要求与课程体系之间、各门课程知识点之间的纵向和横向逻辑关系，将知识传授和能力培养融入课程实施过程，并通过课程教学大纲的制定和实施保障毕业要求的达成。英语专业课程体系必须对毕业要求实现全覆盖，支撑每项毕业要求的必修课程数、支撑每个毕业要求内涵观测点的必修课程数均须达到要求，且核心课程均应对实现毕业要求发挥强支撑作用。

目前，我国高校英语专业课程体系主要包括通识教育课、学科基础课、专业基础课、专业核心课和专业拓展课等模块。英语专业主要开设《综合英语》《高级英语》《英语视听说》《英语口语》《英语写作》《英语演讲与辩论》《翻译理论与实践》《英语语言学》《英国文学》《美国文学》《英语国家社会与文化》《英汉/汉英口译》等课程。为了拓宽学生的知识面，高校应鼓励教师开设专业拓展课供学生选择。比如，通过设置《英汉语言对比》等课程，使学生在全面掌握英语语言知识的同时，加强其汉语言文化素养，更好地提高学生的跨文化能力；通过设置《语言研究方法论》《文学理论与批评》《英语教学理论与实践》等课程，培养学生的学科意识和科研能力；设置《英语口语实训》《英语写作实训》《口笔译实践》等实践课程，强化学生的语言输出能力。

三、英语课程教学大纲制定与执行

课堂教学是人才培养的主渠道，提升课堂教学质量的关键环节是合理制订课程教学大纲，并严格执行。但目前高校存在教师对大纲的重视程度不高、

---

[1] 周海银.制造强国战略下普通高校本科课程体系的内涵、维度与路径[J].现代大学教育,2021(3):98.

学生对所学的课程缺乏整体认知的现象。总体而言，课程教学大纲主要存在三个方面的问题。"一是许多高校没有要求教师提供课程大纲的制度规定和约定俗成的文化，大纲中对于能帮助学生学习的信息常常不完整（如教师联系方式、答疑时间安排、教学方法、对学生课堂参与要求、作业及成绩评定方法和标准等）；二是许多高校管理部门对大纲的审核与监督不到位，只是将其作为日常存放文件，导致大纲的制订存在应付倾向；三是日常教学监督和学校的听评课活动不以大纲为依据，导致存在一些教师不按大纲教学现象。"[①]制定英语课程教学大纲是一项复杂而重要的工作，必须高度重视，确保教学大纲的科学性、规范性和实用性。

（一）英语课程教学大纲的制（修）订

课程教学大纲是高校最基本的课程教学标准。英语专业的各门课程和《大学英语》课程都必须制定课程大纲，每次修订专业培养方案或对课程内容作较大变动时，必须相应修订课程教学大纲。课程教学大纲必须保证课程的教学内容服务于人才培养目标，确保课程内容既符合专业培养方案的要求，又能有效地培养学生的专业能力和综合素质；确保在传授基础知识和基本技能外，切实加强学生的思维能力、创新能力、实践能力和团队协作能力的培养，从而为培养高素质人才奠定坚实基础。

高校应当根据课程目标达成情况以及课程支撑的毕业要求观测点，组织制订课程教学大纲，并确保课程内容对课程目标的有效支撑。课程授课教师应根据课程教学大纲要求，明确本课程在课程体系中的地位和作用，以及与其他课程的关系，处理好本课程与先修课程、平行课程和后续课程之间的衔接关系；根据课程教学大纲制定合理的教学进度，选择合适的教材及参考资料，认真备课并撰写教案，合理分配课程讲授、讨论课、习题课等环节的学时；明确各章节的重点、难点以及习题作业；科学合理地组织教学过程。

课程教学大纲的制订必须严格遵循英语专业培养方案对本门课程规定的

---

① 巩建闽,萧蓓蕾.课程大纲制订给谁看——论学生中心理念的落实[J].高等工程教育研究,2020(3):143.

具体要求。参与制订教学大纲的教师应深入理解英语专业培养方案的目标，确保课程教学大纲与之紧密契合。根据英语专业培养方案的课程设置和学时分配，确保课程教学大纲中的教学内容和学时安排与之相适应。

在制订高校英语公共基础课、英语专业基础课和专业课的教学大纲时，应严格参照教育部高等学校教学指导委员会的相关规定要求。这些规定和要求的制定，基于广泛的教育实践和学术研究，为高校制订课程教学大纲提供了宝贵指导与参考。高校应在此基础上保证英语课程教学大纲制订的科学性和规范性，并进一步提高课程教学的质量和效果。

英语课程教学大纲的编写应理顺课程内容关系。基于课程知识图谱和专业知识图谱对课程内容进行梳理，明确课程间的内容边界和衔接关系。通过知识图谱的可视化展示，帮助教师更直观地了解课程内容的结构和脉络，更好地进行教学设计和课程组织。

英语课程教学大纲的制订需要反映本学科的最新进展。随着学科研究的不断深入和技术的快速发展，新的理论、方法和技术不断涌现。教师应密切关注本学科的最新进展，及时将最新的研究成果和前沿技术引入到教学大纲和课程教学，确保课程教学内容的先进性和前瞻性。

制订英语课程教学大纲应妥善处理课程与前期、后续课程的分工与合作。课程之间的衔接和过渡是教学过程中的重要环节，对于学生的学习效果具有重要影响。教师应认真分析前期和后续课程的教学内容、目标和要求，确保本门课程的教学内容与之相衔接，避免出现重复或遗漏的情况。同时，注重与前期和后续课程的教师进行沟通和协作，共同制订合理的教学计划和授课方案。

制订英语课程教学大纲应贯彻"少而精"的原则，注重知识点的筛选和精炼。课程内容过于庞大或冗杂不仅会给学生带来学习压力，还可能影响学生的学习效果。教师应当根据专业培养方案和学科特点，精选出最具代表性和价值的知识点，注重知识点之间的内在联系和逻辑关系，确保学生能够在有限的时间内掌握最核心、最实用的知识和技能。

课程教学大纲直接关系到学生知识体系的构建和专业技能的培养，高校应当组织熟悉课程内容、责任感强、具有丰富教学经验的教师编写课程教学大纲，确保教学大纲质量。在制定和修订教学大纲时，应进行充分的调研和多次讨论，充分考虑专家建议，结合学科发展的特点，由课程建设负责人和骨干教师等对课程教学大纲进行制订或修订。

在英语课程教学大纲的制定阶段，由课程负责人执笔，拟定教学大纲初稿。课程教学大纲的内容主要包括课程基本信息、课程目标与毕业要求、教学内容、考核标准、基本要求与学时分配、实验内容、本课程与其他课程的联系、建议使用教材与教学参考书、教学方法及手段、课程考核对课程目标的支撑、考核与成绩评定等内容。课程教学目标要基于观测点结合课程内容进行制定，要求在广度（覆盖程度）和程度上都能满足观测点的要求。教学目标制定后，教学方法和考核方式（评分标准）都要围绕教学目标的达成去设定。

在课程教学大纲审定阶段，重点审核课程目标支撑毕业要求内涵观测点、课程教学方式支持课程目标的达成和所支撑的毕业要求中的能力培养要求、课程考试深度与广度与评分标准。在课程教学大纲的修订阶段，由课程建设负责人、骨干教师等根据英语专业大纲要求和专业指导委员会的修改意见进行课程大纲修订。教学大纲经专业教学指导工作小组讨论审核后，提交学院教学指导委员会审核通过后，报学校备案后实施。

（二）英语课程教学大纲的执行

课程教学大纲是英语课程教学的标准化文件，英语教学必须按照教学大纲的要求严格执行。在课程教学大纲的执行过程中，教师可以根据教学实际情况适当加以变动和修正，但须报学院审定和批准。为保证课程教学大纲执行的严肃性，校、院两级应定期或不定期地检查任课教师执行教学大纲情况。

任课教师在上课前，应依照课程教学大纲要求和教材内容，认真备课，写好教案，填写授课计划表。课程教学严格按照教学大纲和授课计划表进行。教学大纲执行过程中和课程结束后，应广泛收集教师、学生、毕业生、用人单位等对英语课程教学内容、教学环节、教学进度及教学方法等方面的意见，汇总各种信息分析研究，对教学大纲做出评价并在下一次修订中进行相应的调整。

第三节　深化英语专业实践教学改革

实践教学是培养学生专业能力、创新创业能力、实践能力和综合素质的关键环节，是实施产教融合、科教融汇、校企合作协同育人模式改革的重要载体。目前全国高校的实践环节普遍存在软化、弱化、虚化、形式化、边缘化现象，与国家、地方、行业经济社会发展需求不相适应[①]。深化英语实践教学改革，迫切要求以能力培养为导向，优化实践创新教育体系，改革实践教学模式，强化培养学生的实践创新能力。

一、优化英语专业实践教学体系

英语专业实践教学体系直接关系大学生素质能力的培养。经过多年的建设，我国基本形成了比较完善的英语专业实践教学体系，对于培养学生的实践能力和创新精神发挥了举足轻重的作用。同时，实践教学体系还存在一些不合理的地方，突出地表现在实践教学目标不明确、实践环节安排不合理等方面。

（一）英语专业实践教学体系存在的问题

"实践教学作为创新人才培养不可或缺的重要环节。长期以来，存在一些亟须解决的现实问题，如实践教学理念陈旧、模式简化单一、体系相对割裂等，体现出人才培养创新理念固化、实践教学交叉融合不够、教学资源体系约束等突出问题。"[②]从根本上说，实践教学存在的问题，是由于实践教学体系

---

① 李培根.许晓东.陈国松.我国本科工程教育实践教学问题与原因探析[J].高等工程教育研究,2012(3)1-6.
② 曹蓉,奚家米,倪小勇.基于交叉融合理念的地方综合性大学实践教学体系构建[J].中国大学教学,2023(8):72.

不合理或执行不力造成的，具体表现在以下几个方面。

一是实践教学目标不合理。许多高校的英语专业实践教学目标设定存在偏差，将实践教学定位于主要以验证理论知识和掌握实验实训技能为主，而忽略了对社会责任感、沟通表达能力、创新能力和团队协作精神的培养。面对经济社会的高速发展，高校需要重新审视专业实践教学目标，注重培养学生的综合素质和能力。

二是实践创新教育体系尚不完善。实验、实习等实践教学环节相对独立、相关性较差。创新创业教育呈现分散化、碎片化的状态，未能有效融入英语专业教学和人才培养的全过程。高校需要打破英语专业实践教学各环节之间的壁垒，加强各环节之间的衔接和协同，同时推动创新创业教育与专业教学的深度融合。

三是实践教育方法不得当。在传统的教学模式下，英语专业实践教学普遍以教师为中心，忽视了学生的主动性、积极性和创造性。为了激发学生的学习兴趣和动力，高校需要转变教学方法，重视学生的主体地位，引导学生积极参与实践教学活动，培养实践精神和创新能力。

四是实践教学基础条件不足。许多高校的硬件设施还比较落后，实验设备不足，导致实践教学难以满足实际需求。同时，英语专业实习落实也存在一定困难，项目、资金、孵化等平台难以支撑创新创业工作的开展。为了改善实践教学基础条件，高校需要加大投入力度，提升硬件设施水平，加强校企合作，共同构建良好的专业实践教学环境。

五是教师实践经验不足。当前，许多教师特别是青年教师缺乏实践经验，对实践创新教育投入不足，整体素质难以胜任实践创新教育的需求。为了提升教师的实践能力和素质，高校需要加强教师培训和实践锻炼，切实提高教师的实践创新能力和教育教学水平。

六是校企协同育人的良好格局尚未真正形成。目前，校企合作仍处于浅层次、自发式、松散型、低水平状态，为了构建校企协同育人的良好格局，高校需要加强与企业的合作与交流，共同制定实践教学计划和课程大纲，推动专业实践教学与经济社会发展需求的紧密结合。

（二）英语专业实践教学体系总体设计

针对英语专业实践教学体系存在的问题，高校应进一步加强实践教学建设与改革，建立与专业理论教学紧密衔接的专业实践教学体系，推进实践教学模式改革，突出学生实践创新能力培养。紧紧围绕人才培养这一中心任务，重点加强实验室建设与实验教学改革、实习基地建设与实习内容改革，确保实践教学的人力投入、资金投入和精力投入，抓好教学实践、社会实践等重点环节，着重培养学生适应社会、动手操作、创新创业、获取知识和应用知识等基本能力。

优化英语专业实践教学体系，首先应明确实践教学体系的目标。"实践教学体系的目标可以归纳为坚持用发展的观点全面认识实践教学内涵，持续改进和优化实践教学策略和实践要素组合，激发教与学主体参与积极性，将实践教学贯穿在学生的实践能力和创新精神培养全过程。"[1]多年来，实践教学虚化、弱化的问题，从根本上说就是实践教学目标不明确的表征。

英语专业实践教学体系是一个多元化的系统，其关键环节涵盖了通识实践、专业实践和综合实践等方面。通识实践注重学生的全面发展，涵盖军事技能、思政课综合实践、劳动实践、创新创业实践等，这些实践创新活动旨在培养学生的思想道德素质、社会责任感、团队协作能力和创新思维等。专业实践是学生将所学理论知识应用于实践的重要平台，包括实验、实习等环节。专业实践有助于学生通过实际操作，深化对专业知识的理解，提升专业技能和实践能力。综合实践是学生将所学知识进行整合和运用的关键阶段，包括综合性实践、毕业实习、毕业论文等。综合实践不仅是对学生专业知识的一次全面检验，更是对他们综合素质和创新能力的一次有力提升。

通过英语专业实践教学各环节的优化设计，形成科学合理的实践教学体系，逐层递进式地培养学生获取知识和应用知识的能力、动手操作能力、创新创业能力和社会适应能力等基本能力，帮助学生养成创新精神、职业素养

---

[1] 陈华胜.构建实践教学体系：以目标、逻辑、模式为视角[J].黑龙江高教研究，2018(3)：146.

和综合能力，为未来的职业发展打下坚实基础。

（三）完善英语专业实践环节质量标准

为保障英语专业实践教学质量，高校需要不断健全实践教学质量标准体系。英语专业实践教学质量标准主要包括学分制改革配套制度、实验教学管理制度、实习教学管理制度、大学生创新创业教育管理制度、实践教学信息反馈制度，以及相应的奖惩制度等。

在学分制改革的大背景下，高校需要根据英语专业实践教学的特点，科学合理地设置各类实践课程的学分和学时，确保实践教学在整个教学体系中占有合理的比例。建立完善的选课制度和退课机制，让学生能够根据自身兴趣和专业发展方向选择适合的实践课程。

完善英语专业实验教学和实验室管理规章制度，实现英语专业实验教学过程规范化、标准化，将课堂教学评价、规范运行等措施引入英语专业实验教学过程，形成可控可靠的英语专业实验教学运行基础数据。制定英语专业实验教学管理办法等教学管理文件，规范实验教学行为，强化实验教学过程管理，保证实验教学效果。认真监督检查英语专业实验教学管理规定的执行情况，包括实验教学方法与手段改革、实验教学效果及信息反馈，确保实验教学质量。

英语专业实习教学管理制度是实践教学质量标准体系中的重要一环。高校应当深化产教融合，推进校企合作培养人才，组建校企、校地、校校联合的协同育人中心，推进示范性教学实习基地、产教融合实习基地建设，积极创建高水平实验教学示范中心。加强产学研密切合作，拓宽大学生校外实践渠道。建立校外实习基地评价制度，以评促建，推进校外实习基地向高水平方向发展。推进校企合作共建英语专业工作，产学研共同制定专业培养方案，共同开展人才培养工作。在实习教学过程中，校企双方共同建立完善的监督和管理机制，确保学生的实习质量，并为学生提供必要的指导和帮助。

大学生创新创业教育管理制度也是英语专业实践教学质量标准体系中的重要一环。高校需要建立完善的创新创业教育体系，为学生提供必要的创新创业课程和培训。积极搭建创新创业平台,为学生提供实践机会和资源支持。加强对学生的指导和帮助,并为学生提供必要的风险保障和资金支持。

英语专业实践教学信息反馈制度是实践教学质量标准体系中的重要保障。高校需要建立完善的实践教学信息反馈机制,及时收集和分析学生对实践教学的意见和建议。根据反馈结果及时调整和优化实践教学计划和管理制度,以确保实践教学质量和效果的不断提升。

此外,高校还需要建立完善的奖惩机制,对在英语专业实践教学中表现优秀的学生和教师进行表彰和奖励;对表现不佳的学生和教师进行适当的惩戒。通过完善奖惩机制,激励教师和学生更加积极地投入英语专业实践教学工作,促进英语专业实践教学质量的不断提升。

二、改革英语专业实践教学模式

"实践教学模式是实践教学逻辑和目标的具体表现,以层次性、协调性、全面性等三个原则揭示实践教学的规律,将实践教学中实践环节、教学方法、组织形式等实践要素整合成体系,明确具体教学过程和教学方式,从而将实践教学理论转化为具体操作策略。"[1]改革英语专业实践教学模式,应以学生实践创新能力培养为中心,建设高水平实践创新平台,强化实践教学的过程管理,确保实践教学质量。适应学生能力培养要求,鼓励教师采用现场指导、交互讨论、网络教学以及虚拟仿真教学等多样化的实践教学方法,注重引导学生独立思考,推进学生自主学习、合作学习、研究性学习,不断提升学生实践创新能力。

(一)改革实践教学内容与模式

改革英语专业实验教学内容与模式,注重虚拟仿真实验内容的开发和建设,鼓励独立设置实验课程或增加课内实验学时,着力提高英语专业实验教

---

[1] 陈华胜.构建实践教学体系:以目标、逻辑、模式为视角[J].黑龙江高教研究,2018(3):147.

学效果。

探索"研究性、自主性、开放性"三位一体的英语专业实验教学模式，构建大学生英语实践创新能力培养体系。研究性是指具体实验方法有多样性，得到的具体实验结果有多样性。学生只要独立完成，不会出现雷同结果。自主性是指学生根据总体题目要求，自主完成实验学习，指导教师进行实验教学管理、提供教学支持。开放性是指通过实验室开放保证实验活动完成，指导教师要确保阶段性检查督促和最终结果把关。

探索"创新思想培养—创新项目实施—创新能力提升"等相互融合、层层递进的培养环节。在培养方案中设置创新学分，增设创新教育、学科竞赛讲座、创新性实验等课程。通过以项目为导向的创新性实验、学科竞赛、创业创新项目、参与教师科研等各种途径来实施创新实践教育。英语专业实验项目面向所有学生，开展具有"研究性、自主性、开放性"三位一体特征的专业实验。科技立项项目由学生自选，立项的项目可获得一定的经费支持，建立科技立项中期汇报、结题等考核机制。鼓励学生积极参加学科专业竞赛，培养大学生的创新思想、创新意识和创意想法。

（二）推进实践教学方法改革

在英语专业实践环节，鼓励学生独立思考，采用自主式、开放式、合作式、研究式等方式完成整个实践过程。教师采用现场指导、交互讨论、网络教学以及虚拟仿真实验等多样化的实验教学方法。实验课成绩评定采取平时成绩与考试成绩相结合方式给定。平时成绩既要注重检查学生实验预习情况、能否顺利完成实验操作、实验结果和实验报告，又要考察良好的实验室工作习惯和作风。在实验教学评价与监控方面，构建校、院两级评价与监控机制，形成期初、期中、期末定期检查和不定期抽检制度，并及时反馈有关信息，及时处理实验教学过程中存在的问题。

划拨专项经费资助英语专业实验教学改革项目，积极开展英语实验教学研究，不断更新、充实实验教学内容，促进英语专业实验教学内容与体系改革，扶持和培育优秀实验教学成果。

三、强化大学生实践创新能力培养

"实践教学作为教学活动中的一个重要环节,受制于实验设备、实践基地建设,实践企业的实习安排等因素,……在面向学生综合实践能力培养的实验设备建设方面投入不足,创新创业教育架构、体系不够健全,基地建设资金投入不够,导致学生的实践创新能力理念不够突出,创新创业能力得不到系统培养,人才培养与企业需求、市场需求之间联系不够紧密,学生的发展能力培养受到限制。"[①]在人才培养过程中,应贯彻实践能力和创新能力协调发展的育人理念,将实践能力培养和创新创业教育贯穿于人才培养的全过程。

(一)以问题为导向的基础实践培养

基础实践培养层次主要包括军训、计算机教学上机训练、基础课程实验、社会调查等,以基本的操作、技能、规范和方法实验为主,强调基础规范性,培养学生严谨的科学态度和发现问题、分析问题的能力以及基本操作技能。

通过学习基本的计算机操作技能和编程知识,帮助学生熟练掌握各种软件工具,提高信息处理能力。通过基础课程实验,帮助学生更加直观地理解理论知识,掌握实验技能和方法。通过社会调查,学生能够深入了解经济社会发展需求,增强社会责任感和使命感,提高社会实践能力。总之,以问题为导向的基础实践培养层次不仅能够帮助学生掌握基本的操作技能、规范和方法,还能培养科学态度、团队精神和创新能力。高校应加强英语专业实践教学改革,为学生提供更加优质的教育资源和实践机会。

(二)以任务为导向的综合实践能力培养

综合实践能力培养层次主要包括专业课程实验、课程专题调研、学年论文、毕业实习、毕业论文等,强调综合应用性,培养学生综合把握和运用学科知识的能力。

[①] 唐林轩,魏克湘,徐运保,等. 地方工科院校实践教学改革的方法与路径[J]. 中国高等教育.2023(Z2):75.

英语专业课程实验是提高学生实践创新能力的重要基础。通过实验操作，学生将课堂上学到的理论知识与实际操作相结合，从而加深对知识的理解和运用。课程专题调研是学生实践创新能力的重要延伸。通过调研，学生能够深入了解经济社会发展的实际情况，发现问题并提出解决方案，从而促进学生将理论知识与实际问题相结合，培养创新能力和解决实际问题的能力。学年论文要求学生独立完成一篇学术论文，这不仅锻炼了学生的研究能力，还培养了文献查阅和论文写作能力。毕业实习是学生将所学知识运用到实际工作中的重要机会，通过实习，学生能够深入了解行业的发展趋势和市场需求，为未来的职业生涯做好充分的准备。毕业论文则是对学生四年学习成果的全面检验，通过论文的撰写和答辩，学生需要综合运用所学知识，展示自己的学习成果和综合能力。

（三）以课题为导向的实践创新训练

以课题为导向的实践创新训练层次主要包括素质拓展、科研训练、学科竞赛活动等，以培养创新能力为目标，鼓励学生根据兴趣爱好或职业规划选择不同的课题，通过团队合作或学生独立开展课题设计和研究工作。

素质拓展是实践创新训练的重要环节。通过参与各类实践活动，如志愿者服务、社会实践、文化交流等，学生能够拓宽视野，增强团队协作能力和社会责任感。素质拓展经历不仅能够丰富学生的人生阅历，还能帮助他们更好地认识自己，明确未来的职业方向。科研训练是这一层次训练的核心内容。学生在教师的指导下，参与各类科研项目的研究工作。通过查阅文献、设计实验、收集数据、分析结果等过程，学生能够逐步掌握科研方法，提高科研能力。同时，学生还能在科研过程中培养创新思维和解决问题的能力，为未来的科研工作积累宝贵的经验。此外，通过参加各类学科竞赛，学生能够锻炼自己的团队协作能力和竞技能力，同时还能在竞赛中展示自己的创新成果，获得荣誉和认可。这些竞赛活动不仅能够激发学生的创新热情，还能为他们提供展示才华的舞台。在以课题为导向的实践创新训练中，学生可以根据自己的兴趣爱好或职业规划选择不同的课题。通过团队合作或学生独立开展课题设计和研究工作，英语专业实践创新训练不仅培养了学生的创新能力，还为他们未来迅速适应新的环境、解决实际问题、从而实现职业发展提供了有力支持。

（四）"通用—实践—创新—职业"能力的综合培养

系统构建英语专业实验教学平台、虚拟仿真实验教学平台、实习教学平台、创新创业实践平台和信息化服务平台，为学生提供从基础到进阶、从理论到实践的全方位递进式培养，实现对"通用—实践—创新—职业"能力的综合培养。

建设设施先进、功能完备的英语实验室、语音室等，为学生提供充足的实验和实践机会。通过实验操作，学生能够直观地理解理论知识，掌握实验技能，培养学科思维和解决问题的能力。借助先进的虚拟仿真技术，模拟真实的实验环境，让学生在虚拟世界中进行实验操作，虚拟仿真实验教学平台不仅降低了实验成本，提高了实验的安全性，还能够突破时间和空间的限制，让学生随时随地进行实验学习。实习教学平台是学生将所学知识应用于实践的重要场所。高校应积极与众多企业、机构建立紧密的合作关系，为学生提供丰富的实习机会，让学生能够深入了解经济社会发展现状和发展趋势，掌握实际工作技能，为未来的职业发展打下坚实的基础。为学生提供创业指导、资金支持、项目孵化等一系列服务，打造创新创业实践平台，鼓励学生发挥创新创业精神，勇于尝试新的想法和创意，并将创意转化为实际成果。信息化服务平台是实验教学体系的重要支撑。利用信息技术手段，建设在线学习、资源共享、互动交流等服务平台，为学生提供丰富的学习资源和便捷的交流渠道。

四、深化创新创业教育改革

深入推进高等学校创新创业教育改革，是国家发展战略的需要，是促进经济提质增效升级的迫切需要，也是推进高等教育综合改革，促进高校毕业生更高质量创业就业的重要举措。高校应全面贯彻落实党的教育方针,深化创新创业教育改革,推进专创、产教、学科交叉融合,健全创新创业课程体系,强化创新创业实践,培养学生创新精神、创业意识和创新创业能力。

(一)创新创业教育存在的问题

2010年教育部颁布《关于大力推进高等学校创新创业教育和大学生自主创业工作的意见》,标志着我国正式从国家战略高度层面部署创新创业教育。十几年来,我国创新创业教育取得了飞速发展,高校创新创业教育形成了系列制度化成果。但截至目前,我国高校的创新创业教育还没有形成系统、科学的体系,高校创新创业教育政策缺失特色,创新创业教育行动的形式主义与利益至上,利益相关者对创新创业教育的认知形成"漏斗式"认知格局[1]。具体来看,主要存在以下一些方面的问题。

创新创业教育、创新创业大赛、创新创业论坛和创新创业实践呈现分散化、碎片化的状态,尚未从人才培养方案的制定、理论课程和实践教学体系建设入手,形成一套创新创业教育融入专业教学、融入人才培养全过程的教学模式。

大多数高校的创新创业指导教师缺乏创业知识、创业经历、专业素养和实践经验,整体素质难以满足创新创业教学的需要。高校创新创业教师培养体系不健全,尚未建立起专门针对创新创业教育师资的多维度、多层次培养体系。企业指导教师对于创新创业教学环节不熟悉,对创新创业教育情况不了解,对大学生创新创业项目的参与度不高。

项目、资金、孵化等平台还难以支撑创新创业工作的深入开展。完善的创新创业指导服务体系还没有建立起来,相应的机构、人员、场地、经费等方面的保障还没有真正落实。创业大学生难以充分享用高校丰富的科技资源和平台,创业项目缺乏创新性和科技含量。适合大学生创业的项目、有效扶持大学生创新创业的资金缺乏。

---

[1] 郑雅倩,杨振芳. 高校创新创业教育发展的制度化困境及其超越[J]. 高教探索,2024(2):24-27.

校企协同培养创新创业人才的良好格局尚未根本形成。高校创新创业缺乏统一管理，各类教育资源缺乏有效的整合。企业资源缺乏综合利用，难以形成合力。校企合作"学校热、企业冷"，处于浅层次、自发式、松散型、低水平状态。企业参与学生创新创业的积极性不高，"重理论、轻实践"问题普遍存在，学生创新创业实践训练机会少，解决实际问题的能力不强。

（二）推进创新创业教育改革

创新创业教育旨在培养学生的创新精神、创业意识和创业能力，使其能够适应社会经济发展的需要，成为具有竞争力的创新型人才。高校应当全面贯彻落实党的教育方针，坚持立德树人根本任务，以提高人才培养质量为核心，按照"精耕教学夯实基础、强化实践提升能力、整合资源协同育人"的工作理念，构建"教育教学－实习实训－实践孵化"三位一体的创新创业工作体系，着力培养品德优良、富有创新精神、创业能力、勇于投身创业实践的创新创业人才。

一是构建创新创业教育工作体系。创新创业教育理念的提出，是基于对当前社会经济发展趋势的深刻洞察和对未来人才培养需求的精准把握。高校应把深化创新创业教育改革作为推进学校内部综合改革的突破口，将创新创业能力培养贯穿学校教育教学各环节，推进创新创业教育与专业教育深度融合，将创新创业教育贯穿于人才培养全过程。

创新创业学院作为学校创新创业教育的管理部门，应该承担起课程设计、师资培训、实践平台搭建等重要职责。通过开设多样化的创新创业课程，引导学生了解创新创业的基本知识和技能；通过组织丰富的实践活动，让学生在实践中锻炼创新创业能力；通过加强与企业、社会的合作，为学生提供更广阔的实践平台和更丰富的创业资源。专业教育是高等教育的基础和核心，而创新创业教育则是专业教育的有益补充和拓展。在专业教育中应当注重培养学生的创新思维和实践能力，将创新创业教育的理念和方法融入专业课程的教学过程中。这样不仅可以增强学生的创新创业意识，还可以提高学生的专业素养和综合能力。

二是深化创新创业课程体系建设。"课程是高校践行创新创业教育最基本、最重要的载体之一,而创新创业教育课程体系建设更是统整创新创业教育过程的核心。"① 高校应以能力培养、素质提升、实践模拟和专创融合为框架,建设有梯度、有侧重的创新创业教育课程体系。深化创新创业教学方法、实践训练、师资队伍建设等关键领域改革,强化创新创业导师培训。

创新创业课程更加注重学生的能力培养和素质提升,通过实践模拟和专创融合的方式,让学生在实践中学习和成长。课程设计上,高校可以引入更多的案例分析、项目实践和企业合作,让学生在真实的环境中感受创新创业的过程和挑战。此外,还需要注重课程的梯度性和侧重点,针对不同年级和专业的学生,设置不同难度和方向的课程,以满足学生的不同需求。

在教学方法上,传统的讲授式教学已经无法满足创新创业教育的需求,教师需要采用更加灵活多样的教学方法,如小组讨论、案例分析、项目实践等。这些方法不仅可以激发学生的学习兴趣和积极性,还可以培养团队协作能力和解决问题的能力。注重实践训练的强化,通过组织各种形式的实践活动,如创业大赛、企业实习、社会实践等,让学生在实践中积累经验和提升能力。

师资队伍建设是创新创业课程体系建设的关键环节。高校应加强对创新创业导师的培训和管理,提高教师的教学水平和指导能力。高校也可以发挥校企多方面优势,邀请企业家、投资人、创业导师等具有丰富的实践经验的人士担任导师,为学生提供更加专业的指导和帮助。同时,加强激励机制建设,鼓励教师积极参与创新创业教育和科研工作,提升专业素养和创新能力。

教材编写是创新创业课程体系建设的重要组成部分。高校要组织专家团队编写具有针对性和实用性的创新创业教材,为学生提供系统的理论知识和实践案例。教材编写过程中,注重理论与实践的结合,将最新的创新创业理念和实践经验融入其中,帮助学生更好地理解和应用所学知识。

此外,高校还需要组织一系列品牌活动来推动创新创业教育的深入开展。

---

① 郑庆华. 高校创新创业生态体系的构建与实践探索[J]. 高等工程教育研究,2020(4):164.

例如，通过组织创新创业大讲堂、教师工作坊、创客训练营等活动，邀请知名企业家、投资人、专家学者等分享他们的创新创业经验和心得，激发学生的创新创业热情和信心。同时，注重创新创业活动的实效性和可持续性，确保活动能够真正帮助学生提升创新创业能力和实现自我价值。

三是强化学生创新创业实践。深入实施大学生创新创业训练计划，鼓励教师依托教学科研课题指导学生参加创新创业训练和学科竞赛，努力实现在校生参与训练项目或赛事活动全覆盖。

大学生创新创业训练计划是提升学生实践能力的重要载体，该计划鼓励学生发挥创新思维，结合所学专业知识，参与各类创新创业项目。高校应鼓励教师依托教学科研课题，指导学生进行深入研究，不仅让学生在实践中掌握理论知识，而且培养他们解决实际问题的能力。针对具有创新创业潜力的学生，为他们提供全方位的创新创业指导和支持，帮助他们快速成长。鼓励学生积极参与各类学科竞赛和创业大赛，锻炼团队协作能力和创新思维。为这些学生提供创业资金、导师资源等支持，帮助他们将创新创业项目转化为实际成果。此外，高校还应积极组织各类创新创业培训和讲座，帮助学生拓宽视野，激发创新潜能。

四是加强创新创业实践体系建设。整合校内外实践资源，激发学生技术创新潜能。依托产教融合，推动校地、校企合作，推动创新创业项目的培育与孵化，强化创新创业协同育人，为学生提供更多的实践机会。

首先，全面整合校内外实践资源，为学生提供多元化的实践机会。一方面，充分利用高校的实验室、科研中心等教学设施，鼓励学生参与科研项目，培养科研能力和创新思维。加强众创空间的建设，为学生提供一个自由交流、碰撞思想的场所，激发他们的技术创新潜能。另外一方面，积极寻求与政府、企业等社会各界的合作，共同建立创业孵化站和创业园，为学生提供更多的实践机会和创业支持。其次，产教融合是创新创业教育不可或缺的重要环节。通过校地、校企的紧密合作，实现资源共享、优势互补，推动创新创业项目的培育与孵化。校企共同开展技术研发和产品开发，促进成果转化。同时，企业也可以为学生提供实习等实践机会，帮助他们了解市场需求和行业动态，为未来的创业之路打下坚实的基础。高校还可以加强与其他高校、研究机构的交流合作，共同开展创新创业教育和实践活动，形成资源共享、互利共赢的良好局面。在加强创新创业实践体系建设的过程中，注重培养学生的综合素质和团队协作能力。通过组织各种形式的实践活动和比赛，如创业大赛、科技创新竞赛等，让学生在实际操作中锻炼自己的能力和技能，提高团队协作和沟通能力，激发学生的创造力和想象力，培养创新精神和创业能力。

第三章
高校英语教师队伍专业发展

人才培养的关键在教师。1966年,国际劳工组织(ILO)和联合国教科文组织(UNESCO)通过《关于教师地位的建议》,在世界上首次以官方文件的形式提出教师职业专业化要求。此后,国内外教师专业化发展理论研究和实践探索取得丰硕成果。步入新时代,高校应坚持"为党育人,为国育才"的初心和使命,落实立德树人根本任务,全面提高教师队伍的综合素质、专业化水平和创新能力,着力建设师德高尚、业务精湛、结构合理、充满活力的高素质专业化创新型一流教师队伍,充分发挥教师投身教育教学的主动性和主体作用,为培养高水平人才提供有力保障。

第一节　数智时代高校英语教师专业发展的要求与挑战

专业化发展是教师素质能力提升的核心问题。教育改革的核心在于课程改革,课程改革的核心在于课堂改革,课堂改革的核心在于教师的专业发展。习近平总书记高度重视教师队伍专业化建设,提出了"四有"好老师、"四个引路人"、"四个相统一"等系列要求,要求各级党委、政府、学校推动教师队伍专业化建设。《中国教育现代化2035》、国家"十四五"规划、党的二十大报告等均将"建设高素质专业化教师队伍"列为战略任务。当前,高校英语教师专业化发展尚未形成完善的培养体系,迫切要求健全教师专业化发展培养体系，提升教师的专业知识、专业能力和专业素养。

一、数智时代高校英语教师专业发展面临的挑战

人类已经进入数字智能时代，适应数字化生存新环境成为每个公民必须具备的基本生存能力。随着数智时代的教育生态重塑与学习方式变革，高校英语教师面临着一系列重大问题的挑战。"教师专业发展成为适应新兴技术应用、教育深化改革、教育信息化转型升级的关键，也是教师胜任未来教育教学工作的重要举措。"[①] 面对数智时代对高校教师角色定位、教学工作以及自身发展带来的巨大挑战，高校英语教师应转变观念，重塑自身角色定位，及时改革课堂教学方法，顺应时代潮流增加自己的知识储备，提高自己的专业能力，实现自身的专业发展。

（一）如何实现从传统教学到信息化教学的转变

随着现代信息技术的飞速发展，高等教育教学正经历着从传统教学到信息化教学的深刻变革。《教师教育振兴行动计划（2018—2022）》提出："充分利用云计算、大数据、虚拟现实、人工智能等新技术，推进教师教育信息化教学服务平台建设和应用，推动以自主、合作、探究为主要特征的教学方式变革。"[②] 数智时代对于高校英语教师能力素养发展的新要求，意味着这一变革不仅仅是技术手段的简单更替，更是教学理念、教学方法的全面革新。

在传统教学阶段，教师通常依赖黑板、粉笔和教科书进行教学，教师教学没有使用任何信息技术。随着时代的进步，计算机辅助教学逐渐崭露头角。在这一阶段，虽然信息技术的使用比例较小，但其在备课、课堂展示以及学生作业管理等方面已经展现出巨大的潜力，成为教师教学过程中的得力助手。

进入混合式教学阶段，现代信息技术在课程教学中得到了广泛应用。翻

---

① 郝建江，郭炯. 新兴技术赋能教师专业发展：诉求、挑战与路径[J]. 开放教育研究，2023(12):46-47.
② 教育部等五部门关于印发《教师教育振兴行动计划(2018-2022年)》的通知.[EB/OL].(2018-03-22).http://www.moe.gov.cn/srcsite/A10/s7034/201803/t20180323_331063.html.

转课堂作为一种典型的信息化教学模式，通过让学生在课前观看教学视频、完成预习任务，然后在课堂上进行深入的讨论和互动，极大地提高了学生的学习积极性和参与度。这种教学模式不仅提高了教学效率，还培养了学生的自主学习能力和团队协作精神。

进入在线教学或网络教学阶段，网络技术的使用在教学中占据了最主要地位。通过在线平台，教师可以进行远程授课、在线答疑、作业批改等教学活动，打破了时间和空间的限制，使得学习变得更加灵活和便捷。同时，学生也可以根据自己的学习进度和兴趣选择适合自己的课程和学习资源，实现个性化学习。

现代信息技术的飞速发展，以及信息化教学模式的广泛应用，要求高校英语教师应用信息技术优化课堂教学，在此基础上，进一步应用现代信息技术改变传统的教学模式，开展翻转课堂、移动学习、项目学习、探究性学习、在线学习等学习方式。

应用信息技术优化课堂教学的能力包括教师利用信息技术进行讲解、启发、示范、指导、评价等教学活动应具备的能力，这是用信息技术支持"教师的教"。而应用信息技术转变学习方式的能力，是教师在学生具备网络学习环境或相应设备的条件下，利用信息技术支持学生开展自主、合作、探究等学习活动所应具有的能力，这是用信息技术支持"学生的学"。

实现从传统教学到信息化教学的转变是高等教育不可逆转的发展趋势。高校英语教师需要不断提升自身应用信息技术的能力，积极探索和实践新的教学模式和教学方法，以适应信息化教学的需求。同时，高校和教育管理部门也应该加强对信息化教学的支持和引导，共同推动高等教育教学的高质量发展。

（二）如何实现现代信息技术与教育教学深度融合

应用信息技术辅助教学是信息化教学的初级阶段，真正的信息化教学，是要通过现代信息技术变革教学模式，实现教育教学与现代信息技术的深度融合。"教师专业发展要胜任新型的教育教学工作，需要转变和发展其专业理念、专业知识、专业能力、专业情意，重新认识和定位教师与技术的价值与作用，掌握新兴技术应用所需的技术基础知识、教学法知识，具备技术应用的基础能力、技术支持下的创新教学探索与实践能力。"[①]

随着现代信息技术的飞速发展，目前在全球范围内信息化教学大致分为完全在线教学（如MOOC、MPOC、SPOC等）、混合式教学（如技术辅助教学、翻转课堂等）两种模式。完全在线教学打破了时空的限制，使得学习更加灵活便捷；但同时也面临着学习动力不足、学习效果难以保证等问题。相比之下，混合式教学结合了传统面授教学和在线教学的优点，减少了部分面授学时，增加了课外学时，既提高了效率，又提升了质量，成为数智时代教学质量最高的教学模式。

在混合式教学模式中，教师需要重点把握好五个环节：目标、内容、组织、资源、评估。在目标环节，教师要向学生明确教学目标、教学要求、成绩占比、条件要求、互动形式等，让学生对于课程学习目标有清晰的了解。在内容环节，教师应通过学生预习、教师答疑、重点讲授等形式，充分发挥教师的主导作用和学生的主体作用，帮助学生掌握课程内容的重点难点。在组织环节，教师应重点设计好答疑、讨论、辩论等教学环节，避免流于形式，真正提升学生的能力素质。在资源环节，教师要充分利用互联网资源，挖掘与课程内容相关的学习内容，帮助学生拓展知识面、增长见识、提升人文素养、养成国际视野、增强跨文化能力。在评估环节，教师要认真开展教学反思，通过反思教师的教、学生的学以及教学管理存在的问题，查找混合式教学各个环节影响授课质量的各种因素，不断改进教学质量。

在深入推进线上线下混合式教学模式改革的基础上，鼓励教师采用任务式、合作式、项目式、探究式等教学方法，培养学生自主学习和提出、分析、解决问题的能力，启发学生思维，开发学生潜能。

开展线上线下混合式教学，需要教师在课堂之外付出巨大的精力和劳动。为了确保教学质量和效果，教师需要抓好课堂之外的各个教学环节，坚决杜

[①] 郝建江,郭炯. 新兴技术赋能教师专业发展:诉求、挑战与路径[J]. 开放教育研究，2023(12):51.

绝课堂之外的教学活动流于形式现象的发生。首先是要做好教学设计,针对混合式教学在课堂之外的各个环节,从教学目标、教学内容、教学组织、教学资源、教学评价等各个方面,严把质量关。其次是要抓好课外的辅导答疑,通过网络课程教学平台,如学习通、雨课堂,以及微信、短信、电话等途径加强与学生的沟通与交流,帮助学生辨析学习中遇到的重点难点问题。再次是要根据课程教学目标按时布置作业,及时批改并进行课堂讲评。通过集体备课确定各个教学单元的重点难点,保证学生基本统一的学习进度。教师应及时批改学生作业,并就作业中发现的普遍性问题在课堂上对学生进行解答。

（三）如何培养智能化学习生态的教师

"数字化时代是一个电子数据涌流狂飙的时代,是数据生产、共享、处理、应用普遍化的时代,数据创价、数据增值、数据孪生是其最为引人注目的社会生产方式。在这一时代,'数据'将取代'知识'成为教师专业发展的核心资源,生产数据、挖掘数据、分享数据演变为教师专业发展的实践常模。"[1] 新时代教师的专业发展,要求培养智能化学习生态的教师。从微课、系列微课的普及,到慕课、慕课群的兴起,再到微专业的发展,这一系列变化都要求高校英语教师不仅要掌握传统的教育教学知识,更要具备信息化、智能化教学设计的思维和能力,广泛开展翻转课堂和混合式教学,从变革学习方式和教学模式,发展到创建智能技术时代的高效课堂。

培养智能化学习生态的教师,要求教师掌握智能化教学设计的能力,这是未来高校英语教师的核心能力。传统的以"教"为中心的教学设计,面向教学过程,主要研究如何帮助教师把课备好、教好,很少考虑学生"如何学"的问题。智能化教学设计更加注重以"学"为中心,关注学生的个体差异和学习需求,通过创设丰富的学习情境和协作环境,激发学生的学习兴趣和创造力。同时,智能化教学设计还强调教学资源对"学"的支持,通过整合各种优质教学资源,为学生提供丰富多样的学习材料和学习路径。在具体实践

---

[1] 龙宝新,邱灿. 数字化时代的教师专业自主发展[J]. 中国教育学刊,2023(8):79.

中，智能化教学设计要求教师将知识和能力融合进问题、情境、任务或项目中，让学生或学生团队在解决问题、完成项目中进行学习。这种以任务为中心的教学设计方法，不仅促进学生有效学习知识，而且有助于培养学生的思维能力和解决问题的能力。采用信息化教学设计的课堂，学生的学习积极性和参与度普遍提高，学习效果也明显优于传统课堂。

为了培养智能化学习生态下的高校英语教师，高校需要加强教师的信息技术培训，提高教师的信息化素养和教学设计能力；鼓励教师积极探索和实践信息化教学新模式，不断总结经验教训，推动信息化教学的深入发展；加强高校与社会的全方位合作，整合各方资源，共同构建智能化学习生态系统，为培养优秀人才提供有力支持。

二、数智时代高校英语教师专业发展存在的问题

改革开放以来，我国的教师专业化发展呈现出专业诉求从知识到素养，专业规范从经验到制度，专业培养从封闭到多元，专业发展从本土到国际等特点[①]。全国高校促进教师专业化发展主要体现在推动人事制度改革、建设教师人才团队、加强青年人才培养、抓牢师德师风建设、建设专业化支撑团队、建立教师发展中心等方面。党的十八大以来，我国教师专业化发展政策制度趋于完善、教师管理改革政策供给更加充足[②]，但与此同时，面对数智时代高等教育迅速发展的挑战，高校英语教师专业发展还存在一定程度的不足。

（一）师德师风与职业道德培训有待加强

近年来，国家高度重视高校教师队伍建设，先后出台了《关于加强教师队伍建设的意见》《关于全面提高高等教育质量的若干意见》《关于加强高等学校青年教师队伍建设的意见》等政策文件，召开了新中国成立以来的第一

---

① 黄友初. 改革开放 40 年来我国教师专业化的回顾与展望[J]. 课程·教材·教法, 2018(11): 11-17.
② 于发友. 聚力打造高素质专业化创新型教师队伍——党的十八大以来我国教师队伍建设的成就经验[J]. 人民教育, 2022(17): 6-10.

次全国教师工作会议，对加强教师思想政治教育和师德师风建设等工作提出明确要求。但当前高校教师群体中出现的学术腐败、作风不严等不良现象引发社会讨论，成为关注热点，高校教师职业道德的社会评价呈下滑趋势，加强教师职业道德培训非常必要。青年教师对教师行业的特殊性理解不够，加上教师来源日益多样化，越来越多具有多年海外教育背景的教师在国内高校执教，因价值观念多元化，在课堂教学、学术交流等方面容易造成各种影响，部分青年教师对职业道德培训的重要性认识不够，存在抵触情绪，参与积极性不高。

（二）教师信息化教学水平不高

随着现代信息技术的深入应用，"'互联网+'教师专业发展的关键内涵不是教师专业发展的'技术增强'，而是互联网新技术环境下教师专业发展方式的创新与重塑。因此，我们需要探索的不再是，或者不仅仅是，某种技术工具能否促进教师专业发展，更要探索互联网支持的新环境中如何有效设计教师专业发展新模式，以及探索新环境与新模式下教师专业学习与发展的新规律、新原则、新方法、新工具"[①]。但从实际情况来看，当前高校英语教师信息化教学培训比较缺乏，教师信息化教学水平整体不高，对于课程教学设计、课堂教学互动、信息技术运用等存在短板，学生关于教师运用信息化手段开展教学的评价有待提升。因为教师信息化教学素养不足造成部分学生的学习主动性较差。

在教学目标设置上，部分教师对如何实现高阶学习目标认识不清晰，对教学方法的掌握程度不够。很多高校开展了"以学生为中心"的教育思想大讨论，但思想和理念还未能完全转化为教师教学方法改革和教学能力提升的实践，传统教学方法在很多教师身上仍然存在巨大的惯性。部分教师的教育教学观念转变不够，仍然习惯于"满堂灌"，调动学生主动学习不足。由于多年的被动填鸭式学习，部分大学生不适应主动学习的要求，学生的学习规划

---

① 冯晓英,何春,宋佳欣,等."互联网+"教师专业发展的实践模式、规律与原则——基于国内外核心期刊的系统性文献综述[J].开放教育研究,2022(12):38.

自主性较差，在教学中被动接受教师安排较多。探究性学习任务的设置、学习过程的指导与评价，以及增加课程学习的挑战性，需要教师在教学中更好地整合学科专业知识，需要更高的研究性教学能力，而教师所接受的相关教学能力的支持服务不够。

此外，探究性教学需要教师花费大量的精力和时间，而教师对探究性教学的研究和投入不足。高校应进一步加强教师信息化培训，激发教师追求卓越教学的积极性，增强发展教育教学能力的主动性；根据不同职业发展阶段教师的特点，建立有效的激励机制，将重视教育教学能力提升作为贯穿教师职业生涯全过程的基本要求；加强高校教师评价体系改革，强化教学导向，对教师在教学方面取得的成果予以认定，推动教师重视教学、热爱教学、潜心教学。

（三）教师专业发展项目存在缺陷

目前全国高校的教师专业发展项目主要集中在人才支持以及科研能力提升等方面，关于职业道德、教学素养、创新实践能力、国际化视野等方面的项目较少，教学导向不足，尚不能满足教师多样化、个性化的发展需求。各地各高校经费投入尚不能满足青年教师专业发展需求，不同类型高校在经费支持方面存在明显差异，人均培训经费不足。经费投向结构不合理，成长资助类和学术科研类项目占经费支出的主要部分，职业道德、教学素养等类项目的经费投入较低。在专业发展过程中，导师队伍的数量和水平不能满足青年教师专业发展需要，有的导师尚未充分地履行职责，良性的导师帮扶机制还不健全。

（四）高校教师培养机构还不完善

相比海外高校而言，专业化的教师发展机构建设在我国尚处起步和探索阶段。但是校本教师发展机构在建设过程中普遍存在理论研究缺乏、工作定位不准、职能划分不清、特色不够鲜明、专业从业人员缺乏、经费短缺等问题，部分高校尚未能充分发挥在教师专业化发展过程中的主体地位作用。系

（教研室）作为高校教师专业发展的最基层组织，对高校英语教师专业化发展起着重要的日常性培育作用，但由于激励约束机制不够健全，部分系（教研室）履行职责还不够到位。有的院系没有给系（教研室）开展活动提供有效的激励，院系对其任务目标大多没有硬性规定，对其活动的频次效果关注不够，导致部分系（教研室）活跃程度不够，没有定期开展教研活动。有的教师对系（教研室）的认识还不到位，有的教师认为教学是非常个人化的专业活动，是自身习得或科研所获知识的传播，因此不太注重教学中的团队活动以及有组织地开展教学研究活动，更不愿意让专业外的教师来评价自己的教学。教师开展教学活动更多依靠个人力量，教师之间交流少，新教师难以直接从老教师获取经验，而老教师则难以通过制度化的教研活动来改进自身教学过程中的不足。此外，各级各类组织机构存在条块分割、重复建设等问题；平台建设、区域协调、资源共享等方面的作用有待加强；各级各类组织机构缺乏有效的协同配合。

（五）教学与管理信息化建设有待加强

在数智时代，提高教学与管理的信息化建设，是提高教育教学质量的必然要求。然而从目前高校教学与管理信息化建设现状来看，还存在重视程度不够、制度不健全、保障机制缺失、意识淡薄等问题[1]。很多高校还未能实现各信息系统之间的数据充分共享及业务无缝对接。各管理信息系统和数据资源类型各异，来源不一，没有形成统一管理，业务信息数据交换不畅，难以为决策提供有效的支撑。网络课程资源建设尚未形成相关的标准和共建共享机制。网络学习平台推广使用的程度还不高，没有充分发挥混合式教学和自主学习对课堂教学的补充作用。对教师主动学习运用现代教育技术提升教学水平和学生培养水平的政策引导不够，缺乏与信息化环境相配套的教育技术培训制度、体系和设施。高校应加强教育信息化的顶层设计，打造数据共享平台，整合信息系统。根据实际情况，制定科学合理的整体规划，统一数据编

---

[1] 王岩,黄睿彦,刘莹,等. 大数据时代高校教学管理信息化建设[J]. 山西财经大学学报，2021(S2):100-101.

码标准，建立共享数据库和数据交换平台。深度整合各个应用系统，形成整体联动的信息化应用环境，更好地为最终用户提供服务支撑。利用超星泛雅网络教学平台整合现有各类学习资源，实现网络课程建设和视频课程资源的充分利用。通过引入国际化的混合式教学理念和规范，推进混合式教学，充分发挥混合教学对课堂教学的补充作用，创新人才培养模式；通过功能强大的网络教学平台，为师生网络互动、学生自主学习提供全方位的支持和服务。建立教师信息化应用于教学活动的激励和考核评价机制，制定信息技术应用于教学的评价体系。通过组织开展信息技术教学应用评比、多媒体课件制作评比、信息技术应用研究论文评选等活动，把评比结果纳入教师考核、评优和职称晋升中，激励教师优化教学设计，创造性地运用信息技术开展教学活动，提高教学质量和效率。

三、数智时代高校英语教师教育教学五大素养

教师行业有其特殊性，教师成长有其规律性，作为知识和技能的传授者，提高教学能力和水平是高校英语教师职业的基本要求，应贯穿职业发展的全过程。高校英语教师尽管学历高，但也存在心理应对、语言表达、教学技能掌握等方面的不足，因此首要的是提高教学基础能力，在教学素养方面达到相应要求，才能有步骤、分阶段地实现个人素质的全面发展。目前高校英语教师的专业发展需求呈现一定的功利性，受教师评价导向、个人成长考核等因素影响，部分教师对科研能力、国际化视野培育等方面的专业发展项目显示浓厚兴趣，但对于教学基础能力培育等方面的专业发展项目的重视程度不高，必须加以引导，促使高校英语教师专业发展的主观诉求与教师职业的客观要求相适应。

高校英语教师专业发展需求有其共性，但具体到个体，又呈现鲜明的个性特点，关于职业道德、教学能力、科研能力、创新实践能力、国际化视野等发展需求，不同教师的关注重点有所不同，也有着特定的发展诉求，教师专业发展个性化支持问题比较突出。但目前高校提供的教师专业发展项目比

较单一，并按照统一的要求组织实施，整体上缺乏科学规划和细化分析，层次性不强、针对性不够，要求高校加强专业发展项目建设，以适应高校英语教师群体的多层次性和复杂性的需要。

高校英语教师专业发展具有明显的动态特征，伴随教学经历的丰富，教师的专业发展需求总是处于动态变化的过程；同时，高校英语教师动态化的专业发展需求，必须适应高等教育的变革影响，与高等教育改革发展的要求保持一致。在高等教育信息化背景下，高校英语教师对现代信息技术的理解不够全面，对现代信息技术的掌握和运用能力相对不足。高校应当在教师专业发展项目内容设计方面，要更加重视现代信息技术运用，推动高校英语教师适应高等教育改革发展的新形势新要求。

面对高等教育高质量发展的要求和挑战，高校英语教师应着力提升五大素养，不断提升人才培养能力。

一是育人素养。2018年，习近平总书记在全国教育大会上强调："做老师就要执着于教书育人"。2021年，《中华人民共和国国民经济和社会发展第十四个五年规划和2035年远景目标纲要》强调要"完善教师管理和发展政策体系，提升教师教书育人能力素质。""提升教师教书育人能力素质，关键在于不断坚定教师的教育理想信念和教育情怀，把好教师潜心教书育人的定力关。"[1]高校英语教师应始终将立德树人放在首位，在政治认同和国家意识、品德修养和人格素养、科学精神和专业伦理等方面发挥价值引领作用。从高校层面而言，应着力加强师德和教风建设，完善师德建设长效机制，引导教师树立良好教风，培育高尚师德。从教师自身来说，一方面要加强习近平新时代中国特色社会主义思想的学习，提高思想政治素质；另一方面要根据课程思政的要求，帮助学生养成正确的世界观、人生观和价值观。

二是学科素养。"学科素养是教师教学的基石。学生的学科核心素养源于教师的学科素养。教师的学科素养水平影响其教学水平和层次。教师不仅要掌握基本的学科知识、思路方法，更需要深刻理解本学科的内涵、本质、价

---

[1] 李宜江. 提升教师教书育人能力素质[J]. 教育发展研究,2021(12):3.

值、方法论等。"①高校英语教师的学科业务能力是做好教学工作的底色所在。提升教师学科素养，要抓好教师的学科业务培训，帮助教师提升业务能力；通过学术沙龙、教师挂职等方式，提供机会，让不同学科门类的教师进行沟通交流，了解其他学科门类的基本情况与学科进展，打破学科壁垒的局限，开阔眼界，拓宽视野。

三是教学素养。提升高校英语教师教学素养，就要全方位强化教师教学能力培养。高校教师应以提高业务水平和教学能力为重点，积极参加各级各类教师教学发展培训，从教学理念、教学方法、信息技术应用等方面，提高综合素质。积极参加教学名师、教学团队和青年教师教学拔尖人才的培育和建设工作，积极参加教育部精品课程网络培训，积极参加各级各类教学竞赛。充分发挥老教师的"传、帮、带"作用，通过集中培训、全过程跟踪指导、观摩教学及随机听课、专家讲座、系（教研室）教研活动等环节，抓好青年教师"备、教、批、辅、考"五大基本环节的训练。

四是数字素养。2022年11月，教育部发布《教师数字素养》教育行业标准，将教师数字素养划分为数字化意识、数字技术知识与技能、数字化应用、数字社会责任、专业发展五大维度，立足于我国基本国情和教育发展现状对于教师能力素养提出系统要求②。面对信息技术、智能科技的飞速发展，高校英语教师要积极顺应新技术的发展潮流，不断提升自身数字素养，推进信息技术与教育教学深度融合。正视线上教学的短板与不足，推动线上线下教育教学的融合发展。主动参与建设适配高校人才培养目标、服务学科专业发展、满足社会经济文化发展需求的高校课程体系和多元课程资源，促进中国高等教育的学习革命和质量革命。

五是科研素养。"教师的研究创新能力是教师培养拔尖创新人才所需素养的重要组成部分。教师要能够基于科学的方法论，发现问题、制定方案、解

---

① 冯晓英,徐辛,郭婉瑢,等.如何理解,如何行动,如何成为？——人工智能时代教师专业发展的反思[J].开放教育研究,2024(4):32.

② 教育部.教育部关于发布《教师数字素养》教育行业标准的通知[EB/OL].(2022-12-02).http://www.moe.gov.cn/srcsite/A16/s3342/ 202302/t20230214_1044634.html.

决问题。这一方面有助于教师掌握科学的研究方法支持学生开展研究性学习，提升学生的科学探究和创造能力；另一方面有助于教师对教学模式进行科学改革和创新，为创新型人才培养打造新模式、拓宽新范畴、创建新理论。"[①] 高校应对高校英语教师的教育教学研究予以大力支持，以教学大纲修订、课程建设、教学内容和教学方法改革等方面的交流与学习等为重点加强教师的教研活动。抓好国家级、省级、校级教研立项，鼓励、支持高校英语教师围绕人才培养模式、教学模式、教学方法等进行教育教学研究。鼓励教师将研究成果应用到本科教学和教学管理工作中。以教学研究提升教师科研素养，以教学研究成果促进教学效果的提升。

第二节　数智时代高校英语教师发展培养体系构建

高校英语教师培养是一项复杂的系统工程，教师培养体系是一个多系统相互独立、又相互联系的有机整体。完善的高校英语教师培养体系，应当紧紧围绕提高教育教学质量这一中心，进行整体的系统设计。

一、教师发展培养目标系统

从专业化属性看，专业化教师具备"专业精神、学习专业、学科专业、教授专业"相统一的全专业属性；从专业化过程看，专业化教师是经历教师资格准入、教师专业培养、教师专业发展的全过程，符合教师专业标准的教师[②]。从高校英语教师专业化发展的目标系统来看，教师专业发展培训涉及师德师风、教育业务素质和学科专业知识三个层面。

促进高校英语教师专业化发展，首先要加强师德师风建设，提高教师的思想政治素质。高校英语教师的师德和教风直接关系到教学质量，也对学生

[①] 冯晓英,徐辛,郭婉瑢,等.如何理解,如何行动,如何成为？——人工智能时代教师专业发展的反思[J].开放教育研究,2024(4):33.

[②] 李琼,裴丽.建设高素质专业化创新型教师队伍——基于《中国教育现代化2035》的政策解读[J].中国电化教育,2020(1):17-18.

世界观、人生观、价值观有着直接影响。高校应高度重视加强高校英语教师队伍政治建设，把政治标准放在教师队伍建设首位，大力加强教师思想政治工作，确保高校英语教师坚持正确的政治方向，具有扎实的马克思主义理论基础，具有良好的思想品德、职业道德、责任意识和敬业精神，在培养大学生实事求是、团结协作、奋斗进取等人格品质方面发挥至关重要的作用。高校应落实好教职工理论学习制度，做到固定时间、固定内容、固定人员，组织高校英语教师深入学习习近平新时代中国特色社会主义思想，准确领会基本要求，深刻理解精神要义，全面把握内涵实质，用党的最新理论武装头脑，指导实践。高校应面向全体高校英语教师，利用各种理论学习平台，定期举办师德宣讲报告会。邀请全国模范教师、优秀教师、师德标兵等来校做专题报告，引导高校英语教师向优秀典型榜样学习，不断提升师德涵养，全面增强教师教书育人的荣誉感和使命感，切实引导广大教师尤其是青年教师以德立身、以德立学、以德施教、以德育德，争做"有理想信念、有道德情操、有扎实学识、有仁爱之心"的好老师。组织高校英语教师深入学习教师师德考核办法、师德负面清单及失范行为处理办法等规章制度，确保教师熟知师德考核要求和师德禁行行为。

加强高校英语教师队伍培养，要使其面向信息化教学，养成一名优秀教师必须具备的各种基本素质，包括教师的职业道德、教师的教育理念、教师的知识、教师的能力、教师的个性品质或人格特质等。在此基础上，要对高校英语教师队伍建设进行科学规划，突出重点，推动创新团队建设，培育学科带头人和教学名师，使教师培养与学校的战略目标相统一。

加强高校英语教师队伍培养要充分考虑教师的职业特质，教育业务素质和学科专业知识二者不可偏废。高校英语教师职业具有双专业性，既要具有学科专业的功底，又要具有教育专业的知识。学科专业解决"教什么"的问题，教育专业解决"如何教"的问题，这也是高校英语教师培养工作的重点所在。

二、教师教学发展培训系统

在中华民族伟大复兴的时代征程上，高校应当以习近平新时代中国特色社会主义思想为指导，全面贯彻落实党的二十大精神，按照"四有好老师""四个引路人"的要求，加强高校英语教师培养培训，切实提升教师综合素质，建设一支与中国式现代化、中华民族伟大复兴相适应的一流教师队伍。着眼新时代对于高校英语教师教学能力发展的新要求，面向现代信息技术的发展，系统规划，加强教师教学发展理念、培训内容等方面的探索与改革，确保高校英语教师掌握扎实的知识功底、过硬的教学能力、勤勉的教学态度、科学的教学方法等基本素质。

加强教师教学发展中心建设。增加人员编制，明确职能权限，提高培训的学术性和专业化水平。有计划地开展教师培训、教学改革、研究交流、质量评估、咨询服务等工作，帮助高校英语教师提升教学能力，满足教师专业发展的个性化需求，提高学校的整体教育教学质量。

开展教师教学能力培训。强化青年教师培养培训；做好教学名师、优秀教学团队和青年教师教学拔尖人才的培育和建设工作；积极组织高校英语教师参加教育部精品课程网络培训；组织开展青年教师讲课比赛及教学能力提升活动。

推进教学方式方法改革。当前高校课堂教学方法改革存在一定问题，如有的教师授课过度依赖多媒体课件、坚持灌输式课堂教学模式、线上教学效果不佳、教师教学过程边缘化等，影响了课程教学效果。高校应适应信息化带来的知识获取方式和传授方式、教和学关系的革命性变化，以信息化推进教育现代化和"双一流"建设。积极推进互联网、云计算、大数据等信息技术与教学的深度融合，探索翻转课堂、混合式教学等教学模式，实现信息化与人才培养、教育教学的深度融合。优化教学内容，组织制定专题教学大纲，把教材体系转化为教学体系。组织教师研究制定详细教案，认真组织教师集体备课，切实杜绝课程教学随意化现象。鼓励教师根据课程特点、教学内容、学情分析等，基于现代信息技术，选择使用具体的教学方法，营造生动、活泼、开放的学习环境,实现现代信息技术与思政课教育教学深度融合。对于现代信息化教学方法与传统的课堂教学方法不协调的问题,高校应注重引导教师做好教学设计,充分发挥线上、线下两方面优势,做到现代信息技术与传统课堂教学手段优势互补。坚持因人、因时、因材施教,实行案例式、讨论式、情景教学等多种教学方法。

组织教学改革研究。借鉴国内外先进的教育教学理念、成功经验和有益做法,抓好各级各类教研立项,鼓励高校英语教师围绕课程教学内容、教学方法、教学模式等进行教育教学研究、改革与创新。

三、教师教学发展激励系统

教学工作的好坏是衡量教师工作的主要标准,也是考核教师工作和教师职务聘任的关键条件,高校英语教师的培养离不开成长过程中的激励。教师培养要经常化、规范化,教学激励要政策化、制度化、人性化。建立科学合理的教学工作激励机制,可以激发高校英语教师投入教学工作的热情,是高校加强内涵建设、保证和提高教育教学质量的重要举措。教学激励包括物质激励和精神激励两个方面,要结合学校实际,建立物质激励与精神激励并重、以精神激励为主的高校英语教师教学激励机制。对教师培养的整个过程进行检查落实的同时,要把高校英语教师教学质量的评估作为衡量其培养效果的重要手段,促进教师不断进步。建立物质激励与精神激励相结合的教学工作激励机制,做到教学激励政策化、制度化、人性化。进一步完善教学工作激励与约束机制,通过教学名师奖、教学成果奖等,对在教育教学工作中做出突出贡献的集体和个人进行表彰和奖励。

对高校英语教师教学发展进行表彰激励,旨在弘扬高尚师德师风,激励教师投身改革,提高教学育人水平,推广优秀教学成果。师德方面的奖励主要侧重于弘扬师德师风,营造尊师重教的良好风尚,表彰师德高尚、业务精湛、教书育人成绩显著、事迹感人、享有很高社会声誉、具有重要影响力、人民群众公认的优秀教师,如全国教书育人楷模、最美教师等。教育部高等学校教学名师工程自2001年实施以来，评选了大批国家级教学名师，推出了一大批既有较高的学术造诣，又能长期从事基础教学工作，注重教学改革与实践的名师，并通过名师的引导示范作用，带动了广大高校教师积极投身基础教学工作的热情。各省级、市级教育主管部门及部分高校相继推出了教学名师工程。高等教育教学成果奖是国务院确定的国家级奖励，从1989年开始每4年评选一次。2013年已扩展为国家级教学成果奖，包含基础教育、职业教育、高等教育。各省级教育行政部门和部分高校也设立了省校级教学成果奖。教学成果奖意在奖励教学实践、改革、研究中取得教学成果的单位和个人，发挥教学成果的引领激励作用，提高教育质量。

四、教师教学发展保障系统

首先，学校领导要在思想上高度重视，形成校领导、职能部门、学院齐抓共管的领导体制，打造人才高地，加强高层次人才队伍建设。高校应以国家、教育部、省、市等各级各类重点人才工程为依托，做大做强高层次人才（团队）。对急需紧缺人才给予适度政策倾斜，支持高层次人才建队伍、带团队，大力培育学科领军人才和名师团队。根据"双一流"建设需要，健全完善高校英语教师人才培养、管理和激励机制，培育青年拔尖后备人才，强化存量人才持续培养，支持中青年教师快速成长。通过优秀教师团队、科研创新团队等遴选教师进行重点培养，在岗位聘任、科研平台支持、各类人才工程（计划）申报等方面予以政策支持。

其次，要结合学校实际，建立和完善各项管理规章制度，强化高校英语教师爱岗敬业、为人师表、教书育人的职业道德，规范教师的教育教学活动。健全的教学管理规章制度是提升教育教学质量的基本保证，高校应进一步建立健全教学管理工作协调机制。以"高阶性、创新性、挑战度"为标准加强课程建设，修订完善并严格执行各教学环节质量标准，将质量意识、质量标准、质量评价、质量管理等落实到高校教育教学各环节，完善"全方位、立体化、全覆盖"的教学质量监控机制。立足课程教育教学过程质量管理，建立健全集体备课制度、教学准入制度、新教师试讲制度、考勤制度、教学设备使用与管理制度、学生意见反馈制度、教学档案管理制度等，采取措施保证各项管理规章制度的严格执行，并根据高校教育教学实际情况及时予以修订，规范教学秩序，保证教育教学质量稳步提升。

第三，进一步加大高校英语教师培养工作的经费投入，资助教师参加培训、进行国内外访学、参加学术会议、提升学历层次等，帮助教师提高素质和水平。坚持项目引领，提高高校英语教师教育教学能力。高校应通过助课、试讲、授课考察、培训等方式帮助新入职青年教师抓住"快速发展期"。构建集教学讲座、教学研讨、一（多）对一辅导、教学咨询及资源支持、集中培训和长期培养等方式相结合的多元化、常态化教师培训体系，帮助其掌握基本教学技能。加强青年教师教学能力培养，由富有经验的老教师与青年教师结对子，重点指导青年教师提高教学水平。在每年举办青年教师讲课比赛过程中，组织青年教师全员参与，富有经验的老教师集中指导其教学。面向教育教学能力突出、教学效果优异的青年教师实施卓越教师成长培训计划，为省部级以上教学名师、教学团队储备人才。积极组织高校教师参加国家、省、市、高校组织的各级各类培训，为提高教学质量奠定良好基础。拓宽培训渠道，全面提升教师素质能力。进一步完善研修访学制度，鼓励教师到国（境）外高校、国内"双一流"高校、著名科研院所等研修访学。鼓励中青年教师通过自我学习、短期交流、境内外培训等途径，加快成长为具有国际视野、掌握先进教育理念和育人方式的优秀人才。高校应积极为高校英语教师参加社会实践和学习考察创造条件，积极开展社会实践和学习考察活动。进一步完善高校英语教师社会实践锻炼制度，积极选派青年高校教师到政府、企事业单位挂职锻炼，鼓励青年教师参与产学研合作项目，深入基层参加生产劳动，促进青年教师在教学科研、社会实践中锻炼成长。在学校治理体系中突出教师主体地位，强化组织保障、经费保障和督导督查，深化教师职称和考核评价制度改革。

第三节　数智时代高校英语教师专业发展路径

教师队伍专业发展是高等教育发展的基础性工作，青年教师的培养和发展已经成为高校教师队伍建设和学校可持续发展的关键。习近平总书记高度重视教师队伍建设，发表了一系列重要论述，为教师培养指明了方向。党和政府高度重视教师培养问题，出台了《关于全面深化新时代教师队伍建设改革的意见》等一系列重要文件。高校英语教师队伍建设是一项复杂的系统工程，高校英语教师培养体系是一个多系统相互独立、又相互联系的有机整体。教学工作是教师的中心工作，教学能力是教师的基本能力。在信息化背景下加强高校英语教师培养，重点要围绕"四有"好老师的要求，以教学质量为中心，构建主题明确、内容充实、层次分明、循序渐进的培养体系。根据高校英语教师成长规律实施分阶段培训，以师德师风、教育业务素质和学科专业知识为重点组织多维度培训，搭建立体化培训平台重点培养教学名师和教学团队，建立教师培养激励和保障机制，不断提升教师的综合素质和专业能力。

一、教师专业发展分阶段培训

习近平总书记指出："教师是立教之本、兴教之源，承担着让每个孩子健康成长、办好人民满意教育的重任。"[①] "人民教师无上光荣,教师是人类灵魂的工程师，是人类文明的传承者，承载着传播知识、传播思想、传播真理，塑造灵魂、塑造生命、塑造新人的时代重任。"[②] 他希望广大教师牢固树立中国特色社会主义理想信念，牢固树立终身学习理念，牢固树立改革创新意识；坚持教书和育人相统一，坚持言传和身教相统一，坚持潜心问道和关注社会相统一，坚持学术自由和学术规范相统一；成为有理想信念、有道德情操、有扎实学识、有仁爱之心的"四有"好老师；做学生锤炼品格的引路人，做学

---

① 习近平向全国广大教师致慰问信[N]. 人民日报,2013-09-10.
② 习近平在全国教育大会上强调 坚持中国特色社会主义教育发展道路 培养德智体美劳全面发展的社会主义建设者和接班人[N]. 人民日报,2018-09-11.

生学习知识的引路人，做学生创新思维的引路人，做学生奉献祖国的引路人；努力成为先进思想文化的传播者、党执政的坚定支持者，更好担起学生健康成长指导者和引路人的责任[①]。

习近平总书记关于教师队伍建设的重要论述，指明了高校英语教师的培养方向。高校英语教师不仅要具有通过长期学习和积累的专业知识和技能，还要坚持不断学习和钻研以胜任专业任务，适应新的教学任务的要求。在现代信息化教学背景下，教学方法、教学能力应当作为高校英语教师培养的重点内容，并据此制定分阶段培养计划。

高校青年教师的成长通常经历适应期、成长期和成熟期三个发展阶段。对于高校英语教师而言，可以针对这三个发展阶段，制定符合学校实际情况的培训计划。

适应期培训以入职培训为重点，帮助青年教师了解学校在教学、学生、人事、科研等各方面的管理制度；通过配备指导教师，从备课、授课、作业、辅导等教学各环节，帮助青年教师掌握教学基本技能和教学方法。

成长期培训以教学发展为重点，从课堂组织、信息化教学、师生关系、学生指导、教研课题等各方面，对教师进行教学咨询和教学培训，培养教育教学能力突出、教学效果优异的教学骨干，并为教学名师、高水平教学团队储备人才。

成熟期培训以专业发展为重点，从申请课题、科学研究、健康管理、人际交往技巧、管理实务等各方面，提供职业规划和各种学术专业技能方面的帮助，缓解青年教师压力，提升个人幸福指数。

二、教师专业发展多维度培训

教师能力和素质的提升是高校教育教学质量提高的根本保证。高校可以从师德师风、教育理论、教学技巧、科学研究等多个维度组织高校英语教师

---

① 本书编写组. 习近平总书记教育重要论述讲义[M]. 北京:高等教育出版社,2020:201-224.

培训，培训形式主要包括：主题工作坊、专题报告会、教学研讨会、学术沙龙、观摩教学、网络精品课程培训、信息技术培训等。

（一）师德师风培训

师德师风对学生世界观、人生观、价值观有着直接影响，并直接关系教学质量。高校应切实加强教师思想政治工作和理想信念教育，提升高校英语教师思想政治素质。把师德师风作为高校英语教师素质评价的第一标准，将师德考核贯穿于教育教学全过程，引导教师以德立身、以德立学、以德施教，做"四有"好老师、四个"引路人"。

经过长时间的实践和探索，许多高校制定了相对比较完善的师德师风建设规章制度，并开展了理论教育、舆论教育、活动教育、激励教育等活动。加强师德师风培训，可以增强高校英语教师教书育人的责任感和使命感，引导教师自觉践行社会主义核心价值观，加强自身修养，弘扬高尚师德。高校应把师德建设纳入师资队伍建设规划，成立师德建设工作指导委员会，制定教师职业道德规范、加强师德建设的意见等规章制度，加强高校英语教师职业理想和职业道德教育，增强广大教师教书育人的责任感和使命感。要求教师要关爱学生，严谨笃学，淡泊名利，自尊自律，以人格魅力和学识魅力教育感染学生，做学生健康成长的指导者和引路人。将师德表现作为教师考核、聘任（聘用）和评价的首要内容。对教师资格认定和职务评聘，实行师德一票否决制。开展理论教育、专题教育、舆论教育、活动教育、激励教育，学习有关文件、制度，开展师德师风建设大讨论，加强宣传教育，开展师德建设教育活动，不定期召开师德座谈会，多方位、多角度地加强师德建设。建立长效机制，克服学术浮躁，查处学术不端行为。

（二）信息化教学业务素质培训

加强高校英语教师培训，要重点提升教师的业务能力，特别是信息化、智能化条件下的教学能力。从国际范围来看，目前"确立教师数字素养框架、开发教师自我评估与反思工具、提供在线课程和资源支持、构建交流协作平台、开展多样化培训项目、注重多元主体协同成为推动教师数字领域专业发展的主要举措"[①]。高校应促进高校英语教师培训与专业发展、职业成长密切结合，抓好教师教学能力系统化培养。做好教师的入职培训和日常培养，促进教师掌握现代教育教学理念，引导教师主动适应信息化、人工智能等新技术变革，不断提升教师信息化教学能力和工程实践能力。

教师职业具有双专业性，既要具有学科专业的功底，又要具有教育专业的知识。教学能力是高校英语教师站稳讲台的基础，这是高校教师培养的重点所在。新进教师须参加岗前培训，学习教学规章制度、教师的基本素质与职业修养、基本教学方法等，掌握高等教育理论和教学技能，提高政治素质、业务水平和教学质量。实行青年教师教学准入制度，提高教学准入标准。探索教学退出机制，对存在师德师风问题或教学效果差的教师，探索实施转岗机制。高校还应进一步加强高校英语教师的现代教育技术培训，培养教师国际化的学术视野，增强运用多媒体课件制作、网络教学、试题库建设等现代教育技术的能力。在注重高校英语教师提高个人素质的基础上，还要加强教学团队建设，重点遴选和建设一批教学质量高、结构合理的教学团队，进行教学研讨，开展教学改革，发扬老教师的传、帮、带作用，建立有效的团队合作机制，帮助教师提高素质和水平。

为提高高校英语教师的教学水平，高校应组织专门的信息化教学教师培训计划。培训计划可分为集中培训、全过程跟踪指导、组织观摩教学、评比与竞赛四个阶段，促进高校英语教师职业素质、教学水平的提高。

在集中培训阶段，围绕教师职业道德、基本素质、教学艺术、教学方法与手段、教学研究、教学与科研的关系等方面的内容开设培训专题，请校内外教学名师、优秀教师主讲，强化高校英语教师对教学工作的认识，提升师德水平。

在全过程跟踪指导阶段，建立校院两级教学督导体系，充分发挥教学督导员的作用，加强对高校英语教师教学研究、教学改革以及教学各环节的指

[①] 王帅杰,杨启光推动教师数字领域专业发展的国际图景:动因、特征与镜鉴[J]. 教师教育研究,2024(5):115.

导；严格助课制度，新进教师必须为教授、副教授助课，学习先进的教学方法，积累教学经验，提升教书育人水平；落实青年教师导师制，对青年教师的教学全过程，包括备课、授课、教学方法、教学手段的应用、作业批改、课后答疑辅导、考试命题、试卷评阅等环节进行跟踪指导，发挥老教师的传、帮、带作用。

在教育技术培训与观摩教学阶段，定期举办现代教育技术培训班，在多媒体课件制作、网络教学、题库建设等方面开展现代教育技术培训；组织青年教师参加观摩教学，听教学名师的课、老教师的课；青年教师之间也进行随机听课，交流经验，提高教学基本技能。

在评比与竞赛阶段，组织青年教师讲课比赛，对青年教师的教学水平进行评比。以教育教学技能为核心的青年教师教学竞赛是提高青年教师教学能力的快速有效途径。目前，影响比较大的教学比赛有全国高校教师教学创新大赛、全国高校多媒体课件大赛、全国高校微课教学比赛、全国高校混合式设计创新大赛等。各省和高校也普遍开展了省级或校级青年教师教学竞赛。高校应积极组织青年教师参加讲课比赛，对获奖教师进行奖励，提高青年教师的整体教学水平。

（三）学科专业知识培训

教育业务素质和学科专业知识二者不可偏废，应鼓励、引导高校英语教师参与教学和科学研究，加强教学科研培训，在教学科研选题、立项、论文写作等方面进行指导，鼓励高校英语教师参加科研工作，引导教师开展教学改革，提高教学科研水平。应加强社会实践锻炼，安排高校英语教师定期进行国内外访学进修，学习新知识、新技术，培养教师理论联系实际的能力。通过各种途径，优化教师队伍学历、学缘结构。支持教师参加国内外学术会议，有计划地组织教师进行教学经验交流，掌握学术动态，拓宽学术视野。

注重高校英语教师发展研究，包括教师发展规划、教学研究、教学评价等方面的研究。引导高校英语教师参与教学研究项目，支持和帮助教师持续完善教学策略和教学内容，不断提升教师教学能力。注重教师发展项目的组织与实施，提供教学经验交流机会，传播优秀的教学和学习经验，创新教学和学习活动。推广现代教育技术，提供技术培训，提高教师运用教育技术的能力，增强教学效果。提供高校英语教师发展的咨询与服务，提供教师个体咨询，开展教学调查研究，向教师提供研究数据，为教师专业发展提供充满活力的环境，促进他们的教学和学习。重视新教师的入职教育与培训，制定新教师入职与专业发展方案，分阶段推行，开发与设计分级课程，提高新教师培训内容的科学性。鼓励、引导青年教师参与教学研究，定期对青年教师进行教学研究培训，在研究立项、论文写作等方面进行指导，设立专项经费大力支持青年教师开展教学改革和科学研究。安排青年教师定期进行国内外访学进修，学习新知识、新技术，开拓视野，掌握学科前沿发展动态，提高教学和科研能力。

三、加大教师专业发展支持力度

（一）加强青年教师培养

近年来，为更好地促进青年教师的成长，各级政府和高校分别出台了一系列专门用于面向青年教师的各类项目和支持计划，每年评选和奖励一批在教学、科研中成绩突出的优秀青年教师，通过跟踪培养，引导他们在教学改革与科学研究前沿进行创新研究。通过一系列成长资助类项目的实施，有一大批优秀的青年人才脱颖而出。青年教师的团队建设机制意在打破校际和部门院系间的条块分割和学科间的壁垒，打造跨院系、跨学科、跨校的研究平台，培养青年教师团队协作意识，以团队促发展，发挥有经验的老教师及部分优秀的青年教师传帮带作用带动整体发展。以提高教学水平和教学质量为目标，注重教学方法的改革，通过建立有效的团队合作机制，积极开展教学研究，促进教学研讨和经验交流，在富有经验的教授培养和指导下，造就一批教学水平高、协作精神强、富有创新精神、人员结构合理的青年教学骨干。

加强青年教师教学能力培养，由富有经验的老教师与青年教师结对子，重点指导青年教师提高教学水平。在每年举办青年教师讲课比赛过程中，组织青年教师全员参与，富有经验的老教师集中指导其教学。积极组织教师参加国家、省、市、学校组织的各级各类培训，为提高教学质量奠定良好基础。鼓励教师攻读学位，安排教师进行脱产或半脱产进修，鼓励教师积极开展社会实践和学习考察活动。进一步完善优化优秀共产党员、教学名师、师德标兵、优秀教师、中青年骨干教师、先进个人等教师表彰体系。

(二) 搭建立体化培训平台重点培养教学名师和教学团队

从国内高校情况来看，高校英语教师培养主要有五大平台。一是导师平台，通过完善导师制、助教制、助研制，加强对青年教师的深度指导，帮助青年教师早日通过教学关；二是团队平台，通过开展教学研究，参与课程建设，更新内容和方法与手段，鼓励高校英语教师积极参与重大项目、团队与基地建设，使教学科研创新团队成为优质教学和科研成果的孵化机；三是资助平台，通过设立教学研究专项资金、科研启动基金等，鼓励高校英语教师开展教学与学术研究，设立国际合作研究与交流项目，支持教师与海外知名大学和研究机构开展学术研究与交流；四是实践平台，促进科研与社会实践相结合，提升其应用研究和成果转化能力；五是交流平台，通过定期组织青年教师授课比赛等，增进教师之间的相互交流学习，促进教学能手脱颖而出。就高校英语教师信息化教学能力培养而言，应以教学内容、教学方法、教学手段的为抓手，重点着眼于教学能力和教学水平提升，培养青年教师教学拔尖人才、教学名师和高水平教学团队。

一是青年教师教学拔尖人才。每年在青年教师中重点选拔一批在教学方面表现突出、发展潜力大的优秀人才，结合教学改革和课程建设等进行重点培养。鼓励支持教学拔尖人才参与或承担教学改革项目和科研项目，提高教学学术水平和教学研究能力，在教学工作中发挥导向、示范作用，并为教学名师储备人才。

二是教学名师。从高校英语教师中培养造就一批政治素质优良、专业知识扎实、学术成就显著、教育理念先进、教学改革能力强的教学骨干，授予教学名师荣誉称号，落实教学名师在教学和教改中的主导地位，引导和激励广大教师积极投入教育教学工作。建立名师工作室，承担青年教师培养工作，讲授示范公开课，突出教学名师的引领示范作用。

三是优秀教学团队。"高校教学团队建设工作的实施，旨在通过强化团队合作机制，进一步加强教学基层组织建设，深化教学改革，开发优质教学资源，促进教学研讨和经验交流，推进教学队伍的老中青结合，发挥传、帮、带的作用，实现教学队伍建设的可持续发展，最终达到提高教育教学质量的目的，并在人才培养、教学改革、教师队伍建设等多方面发挥示范作用。"[1] 教学团队建设的目标是通过建立团队合作的机制，改革教学内容和方法，开发教学资源，促进教学研讨和教学经验交流，推进教学工作的传、帮、带和老中青相结合，提高教师的教学水平。目前，我国已经实施了比较完整系统的国家级、省级、校级团队资助计划，但存在建立形式比较单一、缺乏跨学科跨学校的团队组合等不足。高校应当突出教学中心地位，以提高教学质量为目标，以课程（课程组）建设为核心，构建发展目标明确、梯队结构合理、具有良好合作精神和发展潜力的教学团队，进行重点培养。以教学内容改革和教学模式创新为手段，积极探索教学团队运行和管理机制，引领教学队伍建设。

（三）强化教学管理为教师教学发展服务

加强高校英语教师的教学责任意识、有效教学责任意识，提升教师对课堂教学、有效教学的重视程度，规范教师的课堂教学行为，促使教师对课堂教学态度积极、高度重视和十分认真，也促使其投身课堂教学改革和探索有效教学。高校要重视和加强对课堂教学的评价，建立以有效教学为指导理念的课堂教学评价体系，制定正确的课堂有效教学的评价标准，规范有效教学各环节的工作，准确、客观、公正评价高校英语教师的课堂教学，将评价结果用于对教师的帮助、指导和教师的教学改进，让教师获取自己课堂教学效

---

[1] 刘建凤,武宝林.高校教学团队建设与管理探析[J].中国大学教学,2013(4):80.

果的信息，提高改进教学、促进教学发展和进步、提高课堂教学有效性的针对性，也使教师更加了解学生对课堂教学的期望，对学生的学习更加关注，更加努力地改善教学效果，进而提升课堂教学效果。

（四）加大教师教学投入支持力度

高校对高校英语教师教学投入的支持主要体现在教学奖励、教学经费提供与教学设备配置上。在教学奖励上，高校要对高校英语教师教学改革进行精神鼓励和物质奖励，给予认可、表扬、荣誉，使教师看到有效教学光荣，体验有效教学的成就感，享受有效教学的快乐，从而激励他们更加努力，向更有效的教学目标迈进。在教学经费提供上，高校要为支持高校英语教师丰富教学知识、参加在职教学培训和脱产进修、进行教改实践、反思和研究教学提供足够的经费支持，要为教师学习教学理论、掌握教学方法、提高教学能力、全身心投入教学提供足够的经费支持，增强教师投身教学、专注于教学改革、致力于有效教学的热情和动力。在教学设备配置上，高校要致力于教学设备如多媒体设备、图书资料系统、优秀的网络教学平台环境，促使高校英语教师有效利用教学设备，进行教学氛围创设、教学内容呈现、教学方法优化、教学手段更新、教学组织合理、教学流程规范、教学环境生动和活跃等的探索和改革，提升课堂教学有效性。

高校英语教师之间的鼓励、支持、帮助对教师提高教学效果有积极的促进作用，教师要通过经验共享、问题共析、相互交流、相互启发等途径合作改进教育教学，实现共同进步。教学效果优秀的教师应发挥榜样示范作用，感染、引导其他教师，促使他们重视、追求、努力教学，不断提高教学水平；同时支持、帮助其他教师改进教学，富有建设性地指出、纠正其他教师教学中的失误，指明努力的方向，养成互联网+时代的教育教学技巧。高校要加大表彰力度，使教学效果优秀的教师感受到课堂教学的荣誉感、光荣感、自豪感，从而增强他们进一步有效教学的热情和动力，激发他们不断改进教学的积极性。

四、加强基层教学组织制度建设

《教育部关于深化本科教育教学改革全面提高人才培养质量的意见》提出："高校要以院系为单位，加强教研室、课程模块教学团队、课程组等基层教学组织建设，制定完善相关管理制度，提供必需的场地、经费和人员保障，选聘高水平教授担任基层教学组织负责人，激发基层教学组织活力。"[1]高校英语基层教学组织位于大学纵向结构的最底部，承担着落实教学任务、进行教学管理、开展教研活动、建设师资队伍等具体的教学管理职能。加强高校基层教学组织建设，应当完善基层教学组织教学制度建设。"以制度为抓手和工具，借助完备、成熟的组织管理制度，发挥其引导、规范及制约作用，提升课程教学质量，增进教师教育与科研水平，深化社会服务职能，提高教研室治理效率，从而促进学科发展和专业建设。"[2]

（一）健全教学管理制度

首先，完善信息化教学基本规范。"基层教学组织是高校落实教学任务、进行教学管理、开展教研活动、建设师资队伍的最基本教学单位，是推动教师专业发展、提高人才培养质量、促进教育教学改革、培养青年教师的学习发展共同体。"[3]20世纪80年代以来，随着大学基层教学组织的渐进式微，教学的个人化倾向日渐明显，严重地影响了教育教学质量。虽然大学教学在形式上表现为教师独立开展课堂教学，但是学校整体的教学构成并不是教师个体教学行为的简单累加，而是有规范、有规模的体系化、群体性活动。作为保障教育质量的最基层单位，高校英语基层教学组织应从以下几个方面进一步规范大学教学。一是课程教学大纲的修订与执行。教学大纲是高校课程教学的根据。高校英语基层教学组织应当根据教学目标、教学内容、教学方法

---

[1] 教育部.教育部关于深化本科教育教学改革全面提高人才培养质量的意见[EB/OL].(2019-09-29).http://www.moe.gov.cn/srcsite/A08/s7056/201910/t20191011_402759.html.

[2] 杨林霞."双一流"背景下地方普本院校教研室建设的困境及突破[J].黑龙江教育(高教研究与评估),2021(8):15.

[3] 宋伟.论新时代高校基层教学组织改革[J].中国高等教育,2020(19):42.

与手段等各方面的新要求，结合高校实际，组织修订课程教学大纲并认真执行。二是课堂教学要求与管理。课堂教学是提高教育教学质量的主战场，高校英语基层教学组织应抓好教师集体备课，研究课程的重点难点；教师要重点抓好学风建设，切实引导学生求学上进。三是教学方法与手段的要求与管理。信息化、智能化时代要求高校教师深入开展线上线下混合式教学，高校英语基层教学组织应正视教师信息化水平较低、教学方法落后等现状，通过各种培训学习，提高教师混合式教学水平。四是作业要求与管理。教师应研究确定各部分教学内容需布置的作业，并由教师在课堂上对作业中反映出来的共性问题进行解答。五是课程考核与管理。既要采用多种考核方式，抓好过程考核，又要提高课程期末考核的规范化水平。

其次，完善教学检查制度。教学基本规范主要围绕课程教学运行的各个环节，重在提高课程教学的规范化；教学检查制度则主要侧重对于大学课程教学活动的宏观把握，从而持续改进教育教学质量。当前，各高校普遍建立了教学检查制度，组织开展常规教学检查和专项教学检查。

第三，完善师生意见反馈制度。教师与学生之间的交流对于教育教学质量的提升具有重要意义。教师要在授课过程中注重与学生的交流，高校英语基层教学组织也应定期听取教师的意见，以改进教学工作。每学期期中或期末，可以通过召开师生代表座谈会、发放调查问卷等方式，听取师生对于信息化教学的意见和建议。通过了解学生在校期间学习、毕业之后发展面临的问题，有针对性地采取措施改进高校英语教学。

（二）强化教学研究制度

目前各高校都建立了教学研究制度，并且一般一至两周开展一次教研活动；但从实际效果看，教学研究多流于形式。教学研究活动趋于式微的重要原因是在现行绩效政策引导下，教师科研对于教学工作产生重大冲击。建立完善教学研究制度是提高高校英语教学质量的必然选择，也是提高高校教师科研能力的重要途径。教学研究与教学全过程密切相关，如人才培养需求、学生认知特点、学习规律、教学模式创新、教学方法改革等。高校英语教师应从教学中发现问题，开展教学研究；同时，吸收教学研究的有益经验，不断改进教学活动。作为基层教学组织，一是要通过教研例会等方式，及时了解高校英语教师教学的基本情况，研讨解决教学工作存在的问题，加强对课程教学的过程管理；二是应积极向学校和学院建议设立信息化教学研究专项，鼓励高校英语教师开展教学研究；三是坚持成果导向，组织高校英语教师围绕教学研究的重点，定期进行教学研讨活动；四是针对教育教学实践存在的重点难点问题，通过分工合作与集体攻关相结合的方式，研究解决教学存在的突出问题，并积极培育教学成果。

（三）完善教师教学发展制度

目前高校行使教师教学发展职能的部门有的是教师教学发展中心，有的是教务处，有的是人事处，还有的是教师工作部。这样一个架构的共性问题是上重下轻，学校重视，基层教学组织反而处于无职、无责、无权的"三无"状态。提高教师教学能力，可以从师德师风、教育业务素质、学科专业知识三个层面加强培养培训。由于教学和教研是高校教师的主要职责，且直接面向教育教学第一线，因而应积极促进教师教学能力发展，完善教师教学发展相关制度。

一是集体备课制度。目前有的教师上课照本宣科，导致课堂教学效率低下、学生兴味索然，没有取得好的教学效果，这主要是由于备课不充分造成的。高校英语教学从本质上而言，不仅仅是教师的个体行为，而具有鲜明的团队合作的特点，在课堂授课前应由基层教学组织进行集体备课。集体备课首先应当避免简单分工、各自为战状况的发生，而是建立在每位授课教师都精读教材的基础上。首先要求各位教师都精读教材，全面掌握课程知识体系；继而按照授课要点进行合理分工，突出重点，击破难点，理清疑点；最后，由授课教师共同打磨教学内容，理顺教学思路，实现各部分内容的有机贯通。在集体备课的整个过程中，应当做到读书、讲稿、教案三者的有机统一，结合教学内容，应用各种教学方法和教学技巧，既做到重点难点突出，又要避免内容面面俱到，从而达到集体备课的效果。

二是青年教师助课制度。目前高校新进教师大多拥有高水平大学的博士学位,但大多数青年教师刚毕业就进入高校,缺乏教育学、心理学及教学法的训练,教学经验不足。帮助青年教师站稳讲台,需要高校英语基层教学组织落实青年教师助课制度。助课的着重点在于帮助青年教师掌握基本教学规范,提高教学能力,提升教师教学素养。为此应根据青年教师的特点,选配具有丰富教学经验的指导教师,发挥老教师的"传、帮、带"作用,使青年教师熟练掌握备课、讲课、辅导、作业批改、考试命题等各个教学环节的基本要求。

三是教师互相听课制度。目前,有的高校没有建立教师互相听课制度,建立教师互相听课制度的多集中在期中教学检查期间,且往往流于形式,还有的教师对于听课有排斥心理。"对学生而言,课堂教学是影响他们思维方式和可持续发展最基本、最主要的部分;对教师而言,其职业生涯中的大部分时间是在课堂中度过,课堂教学是融入教师生活和职业的基本单元,每节课教学质量的好坏,都会对教师的职业态度和思路有影响,因此课堂教学质量直接关系到高等教育质量。"[①] 高校英语基层教学组织中教师互相听课是促进教师教学发展的必要环节,互相听课的重点有教学内容、教学方法、教学过程、教学效果、教学特色等。通过互相听课、取长补短,促进教师教学水平的共同提高。

[①] 胡新煜,侯锦丽,李红艳. 基于OBE 理念的高校课堂教学质量影响因素及解决措施[J]. 陕西教育(高教),2021(7):25.

第四章
大学生学习指导服务

"学生是高校的核心利益主体,如何在高校治理过程中突出学生的主体地位是实现高校管人育人职能的核心要义。"[①]坚持立德树人根本任务,要求高校以学生为中心,建立以"知识、能力、素质"发展为核心、多种形式并存的高校学生教学指导服务体系,健全学生学习指导、职业规划指导、就业指导、创新创业指导、心理辅导、学业警示等制度措施,充分发挥教师的主导作用,开展形式多样的指导活动,推动学生全面发展。

第一节 大学生指导服务体系建设

坚持立德树人根本任务,促进学生全面发展,要求高校努力构建"教育、管理、服务"三位一体的学生指导服务体系工作体系,积极创新学生指导服务工作的内容、方法、机制和手段,从学习指导、职业规划、心理咨询等方面,为学生提供全方位、个性化的教学指导服务。

---

① 王东红,高雪. 新时代高校管理育人:内涵、特征及优化路径[J]. 现代教育管理,2021(11):20.

一、学生指导服务体系

促进学生全面发展,确保学生指导工作的针对性和实效性,要求高校创新工作思路和方法手段,推进学生教学指导服务体系化。

(一)思想政治教育指导服务

思想政治教育是塑造学生良好思想道德素质的关键。在日常教育教学中加强思想政治教育和课程思政建设,让学生在潜移默化中受到熏陶,不断提高自身的思想道德素质。通过广泛开展思想性鲜明的主题教育活动等方式,引导学生深入了解国家的历史、文化和社会主义核心价值观,培养爱国情感和社会责任感。通过思想政治教育指导,全面提高学生的思想道德水平。

(二)学风建设指导服务

学风建设是高校实现内涵式发展、提高人才培养质量的重要保障。当前高校学风建设主体性缺失,主要表现在一方面学生主体性意识弥散,如学习目标不明确、学习态度不端正、学习纪律松懈以及学习方法不当等;另一方面教师主体性功能缺位,如关爱学生不够、教学态度不严肃不认真、教学水平和能力低下等[1]。加强学风指导,要帮助学生充分认识到学习的重要性,端正学习态度,提高学习热情,自觉树立学习意识,自觉遵守学校的各项规章制度,养成良好的政治素养和道德品质,培养优良的团队协作能力和组织管理能力、环境适应能力和人际交往能力。

思想教育引领学风,积极开展学生职业生涯规划教育与指导,着力解决学习目标不明确、学习动力不足等问题。开展学风建设活动,举办学风建设论坛,通过学风建设大讨论活动,共同提高学风建设的效果。加强英语专业思想教育,培养学生对于英语专业的信心与专业认同感,促进学生全面可持续发展。

规章制度规范学风,制定各主要教学环节的质量标准,强化课堂教学、

---

[1] 王蕊.关于加强新时代高校学风建设的思考[J].学校党建与思想教育,2020(1):87.

实验实习、毕业论文等教学过程管理。修订学籍管理规章制度，推进学分制改革，通过允许学生辅修双学位、实行弹性学制、规范转专业程序、推荐优秀毕业生免试攻读硕士研究生等工作，调动学生的学习积极性。注重学生日常良好学习行为的养成，实施课堂考勤、教师联系学生、科技创新激励、学业预警、考风考纪等学生管理制度，提高学风管理的效果。

积极组织开展学业生涯指导、学习方法交流、考研交流等活动。督促学生走下网络、走出宿舍、走向操场，养成良好的学习生活习惯。成立以班干部、学生党员组成的班级学风考风自律督查小组，相互监督，自律自查。落实辅导员、管理干部等听课制度，严格学生上课考勤和课堂秩序管理，有效遏制学生迟到、早退、旷课现象。充分利用国家奖学金、学习标兵等各类奖助学金、荣誉称号的评比，为学生树立标杆，通过榜样的示范作用引导学生努力学习，立志成才；注重良好的校园文化对学风建设的养成作用。优化校园物质文化，开展党史知识竞赛、传统文化进校园、校园书画大赛等形式多样的校园文化活动，不断陶冶学生的情操，营造浓厚的校园文化氛围。

考风考纪端正学风，建立校院两级巡考制度，规范监考守则，加大对考场的巡视力度。严格考试纪律，及时制止、处理考试中的违纪作弊行为，保证考试过程的严肃性、公平性。开展形式多样的考试诚信教育活动，引导学生提高认识水平，自觉遵守考试纪律，养成诚信品格。结合考试违纪的典型案例，开展学生考试违纪警示教育，强化学生对考试违纪作弊严重性的认识，引导学生自觉遵守考试纪律，维护良好的考风考纪。

实施学生学业预警督促学风建设，通过降级预警、退学预警两级学业预警，以学期为单位及时公布学生个人历年学业成绩。及时联系家长告知学生学业状况，加强学校与学生、家长的三方联动，及时进行早期干预和帮教。

（三）职业规划和就业指导服务

就业是最大的民生。近年来，我国高校应届毕业生规模每年达到1000万人以上，就业形势复杂艰巨，面临诸多挑战，例如就业总量压力较大、结构性矛盾突出等。党和政府高度重视大学生就业问题，将其作为经济工作和解决民生问题的重点,出台了一系列促进和保障就业的优惠政策。"目前,大学生的思维、方式、行为、观念等发生明显的变化,高校要主动适应新的形势变化,及时了解和掌握大学生的诉求。高校可以通过设立职业咨询室、就业工作坊等方式,结合不同层次、不同专业、不同性别毕业生特点,实施一生一策,精准对接,深入开展个性化辅导与咨询方面的教育教学,帮助大学生确立合理的职业目标,及时疏导大学生就业创业过程中的焦虑、依赖等心理问题,增强大学生积极应对竞争及挫折的抗压能力。通过开展突出个性化辅导与咨询教学,促使大学生自我觉醒,主动弥补自身的缺陷与不足,从而自觉加强职业素质培养,提高自身的综合素质,增强大学生的就业创业能力。"[①]

1. 加强就业指导服务体系建设,开展就业指导服务

把大学生就业分为探索期、定向期、提升期、冲刺期等四个阶段,针对每个阶段的学生成长特点,分别开展就业认知、发展方向、技能提升及就业政策信息等全程化的指导。组织教师开设人生规划与发展、专业与学科发展方向讲座,帮助学生明确发展方向。邀请校友、专家开展讲座或报告,引导学生建立正确的择业观、职业观。加强就业政策、就业实务、就业实践等方面的集中指导与个体指导,包括面试指导、简历制作等讲座,明确职业道德和规范。就公务员、选调生、义务兵参军指导等特定就业方向进行指导。帮助学生了解就业形势,科学定位个人发展方向,从而进一步提高自身就业竞争力。开展关爱帮扶工程,针对不同学生群体的不同指导服务需求,提供一系列个性化指导服务,如立志教育、发放求职补贴、开展学业帮扶、提供专项培训、进行心理疏导、加强重点推荐、实施跟踪服务等,有效提升毕业生的就业竞争力。

2. 开展职业生涯规划指导,明确职业发展方向

开设大学生职业发展与就业创业指导课程,面向大一学生讲授大学生职业生涯规划相关内容,面向大三学生讲授就业创业指导相关内容,帮助学生

---

① 冯峰. 论大学生职业发展与就业创业指导课程教学的四个基本维度[J]. 黑龙江高教研究,2016(5):15.

树立职业生涯发展的自主意识，掌握自我探索技能、求职技能以及创业的基本技能等。引导学生将"规划"意识深入到大学四年中。大一树立规划意识，大二夯实专业基础，大三确定职业目标、储备职业技能，大四全速推进规划、实现发展目标。举办和参加大学生职业生涯规划大赛，以赛促学，进一步普及大学生职业生涯规划知识，引导学生树立正确的世界观、人生观、价值观，遵守职业道德规范，端正成才观、就业观，解决学生职业规划过程中存在的困惑和问题。

3. 发挥教师主导作用，加强职业就业指导

班主任在大一、大二阶段做好学生职业规划教育，针对专业就业方向，制定合理的大学生涯规划，引导学生不仅要学好专业课程，也要提高科研水平、科技竞赛水平等职业就业能力的储备，培养良好的人文社会科学素养，强化责任感和职业规范。在大三、大四阶段对学生进行就业指导，充分把握好就业、考研的时机，积极引导毕业生考研或就业。针对就业学生，通过共享就业资源和经验，帮助学生寻找合适就业资源，细致做好学生就业面试指导工作；帮助学生了解行业标准、法律法规等，为就业做好充分准备。针对考研学生，定时进行科技创新指导，引导学生通过科技竞赛锻炼学术探索能力；加强研究指导，帮助学生规划考研方向，积累研究经验；引导学生强化自主学习能力，更好地适应学科发展。

4. 加强创业教育，提高学生创业意识

开展形式多样的创业指导活动，助力大学生创业项目孵化落地，培养学生创新意识。组织学生参加全国大学生创业计划竞赛、大学生创新创业训练计划项目、"互联网+"创业计划竞赛等，提高学生创新创业能力。邀请专家、优秀创业典型来校作报告；鼓励学生自主创业，开展与自主创业指导的相关讲座、培训等，引导学生认识专业发展和不断学习的必要性，养成自主研究、自主探索、自主学习、终身学习的意识。

5. 开展考研指导，提高学生升学能力

针对大三、大四学生，每年定期开展考研指导，加强考研指导，提高考

研质量，增强个人能力以及提升自己水平，培养自主学习意识和能力。由专业研究生导师、专任教师等开展讲座，就考研内容、考研方向及研究生生活向考研同学提供宝贵意见。邀请优秀校友、优秀毕业生通过多种形式分享考研经验和出国留学经验，使学生明确升学目标，掌握考研、出国等升学考试技巧，掌握专业学习方法。

（四）学生心理指导服务

实现大学生心理健康教育高质量发展，大力提升心理健康教育效能，是坚持立德树人根本任务的基本要求。"从学生心理健康教育效能的目标看，关键在于落实以生为本、立德树人根本任务，促进学生人格健全和身心健康发展，切实把心理健康教育作为其成才保障和'五育并举'的重要抓手，高效率、高效果、高质量地全面提高学生心理健康素质，并使他们终身受益。即通过引导学生努力践行正确的'三观'，培养自我接纳、情绪乐观、人际和谐、理性平和的积极心理品质，充分开发心理潜能，提高自我调适能力、抗挫折能力和环境适应能力，为成长、成才和幸福人生固本强基。"[①]

1. 健全心理健康辅导体系

健全心理辅导制度和措施，健全"学校—学院—班级—宿舍"四级心理健康教育体系建设。扩大学生心理健康教育的覆盖面，增强学生的互动体验，提升心理健康水平。通过开设心理健康教育课程、举办心理健康讲座、开展心理咨询等方式，为学生提供全方位的心理健康服务。适时开展心理辅导与咨询，提高学生的适应能力和心理调节能力，增强人际交往和与人沟通的技能。鼓励学生参与心理健康社团和志愿者活动，让他们在参与中体验成长，提升自我认知和自我调节能力。进一步完善大学生心理健康教育体系，积极做好心理问题高危人群的预防和干预工作，做到心理问题及早发现、及时预防、有效干预。对心理问题学生及时进行干预，确保学生心理安全稳定，促进学生健康成长成才。

---

① 俞国良. 心理健康教育的新诠释:教育效能视角[J]. 清华大学教育研究,2024(1):111.

2. 开展多种方式的心理咨询与辅导

围绕大学生心理健康教育，面向全校学生开设公选课程。对所有新生进行心理健康状况普查，建立新生心理健康档案，根据普查结果筛查重点关注的学生，对学生进行跟踪辅导。设立心理咨询热线电话，及时对学生答疑解惑。邀请医院医生定期入校诊断服务。畅通心理咨询渠道，设立心理谈心室，由辅导员开展心理咨询。通过咨询与辅导，培养学生良好的人际交往能力和沟通能力，从而进一步培养其团队合作意识。

3. 开展多样化心理健康教育活动

利用校报、广播、电视、网络、宣传栏等各种宣传工具，广泛宣传心理健康知识，尤其是情绪调解、人际交往、应对挫折的能力。开辟、完善心理健康教育主题网站，增强互动性。指导、支持学生心理健康教育社团，发挥学生的互助、自助作用，发挥同辈互助作用。积极开展团体辅导工作，发挥学生在团队中组织、协调、沟通、合作的技能。每年集中开展心理健康教育宣传活动，普及心理健康知识，提高其心理辅导水平。

（五）综合素质培养指导服务

"大学生综合素质培育主要可以从政治素质、道德素质、文化素质、身体素质、心理素质、学习能力、沟通能力、实践能力、进取精神、创新精神等方面来界定。"[1] 通过组织开展一系列具有针对性的主题教育活动，加强对学生的思想道德素质、文化素质、文明诚信、安全教育等方面的指导，全面提高学生的综合素质。例如，通过讲文明、树新风活动，引导学生养成文明礼貌、遵守纪律的良好习惯。开展遵纪守法警示教育活动，通过典型案例的讲解和分析，让学生深刻认识到违法犯罪的严重后果。组织文明礼仪教育活动，让学生在实际操作中学习和掌握文明礼仪知识。开展安全教育活动，包括财产安全、交通安全、消防安全、人身安全、求职安全、网络安全、防诈骗等，

---

[1] 汤顶华. 大学生综合素质培养的误区与矫正[J]. 江苏高教,2018(10):105.

通过专题讲座、模拟演练等方式，让学生全面了解各种安全知识，提高安全防范意识。

二、分层开展学生指导服务

提高人才培养质量，需要加强学生教学指导服务的层次化，确保教育过程全覆盖，让每一位学生都能在不同阶段得到充分地成长与发展。学生教学指导服务层次化不仅是教育内容的层次化，而且是教育方法的层次化，循序渐进地满足学生不同阶段的成长需求。

大学新生处于从高中到大学的转变期，需要一个适应和过渡的过程，扎实开展新生入学教育至关重要。高校应组织教师精心编写新生入学培训资料，内容涵盖学校历史、文化、规章制度等，帮助学生快速了解并融入大学环境。开通新生入学教育网上测试系统，加深新生对校规校纪的认知，引导新生尽快转变角色，融入大学生活。通过新生入学教育，加深新生对于大学的认知，提高新生的自我管理能力，为未来的大学生活奠定坚实基础。

对于大二大三的学生，重点侧重于理想信念教育、专业教育和素质教育等方面，努力提高学生的综合素质。通过加强专业教育，提升学生的专业素养和实践能力。通过组织各种学术讲座、实践活动和社会实践等方式，引导学生树立正确的世界观、人生观、价值观。注重培养学生的综合素质，包括语言表达能力、团队协作能力、创新能力等，为未来走向社会打下坚实基础。

加强毕业生的就业指导与服务工作，通过多种形式扎实做好毕业生的职业生涯规划，提升毕业生的就业能力。通过职业规划讲座、模拟面试、就业推荐等多种形式，帮助学生制定个人职业发展规划，提升就业能力。

除了纵向的分层指导服务外，还要注重开展横向层次的学生教育，针对处在同一阶段的学生在学习和日常表现中的差异，切实做到因材施教。通过实施一对一结对帮扶，帮助学习困难学生克服学习中遇到的困难，顺利完成大学学业。通过加强对家庭经济困难学生的关爱，引导家庭经济困难学生树立信心，健康成长成才。通过加强对心理问题学生群体的关怀，帮助学生树立心理健康意识，增强学生自我调适能力，有效解除心理困惑。

三、学生指导服务组织保障

高校应从制度、经费、考核等方面，加强对于学生指导服务工作的组织保障。首先是健全规章制度，确保学生指导服务工作有章可循、有据可依。通过健全制度建设，不断加强学生指导服务工作的制度化、规范化，规范学生的日常行为，引导学生奋发有为、努力成才，促进学生全面发展。其次，加大经费保障，确保学生指导服务各项工作顺利开展。在日常办公经费的基础上，加大专项资金投入，设立勤工助学、奖助学金、困难补助、学费减免等专项经费，为学生指导服务工作提供充足的经费保障，为家庭经济困难学生等提供必要的资助，帮助学生成长成才。再次，建立科学有效的考核激励机制和完善的服务支撑体系。鼓励广大教师弘扬高尚师德，积极参与学生指导，关爱学生；鼓励教师改革教学方法和手段，抓好备课、上课、作业、辅导等每一个教学环节。加强导师、班主任配备，对学生的全面健康成长进行引导。积极推进管理干部联系班级工作，鼓励管理干部深入学生班级、课堂、宿舍和日常生活，做党的方针政策的宣讲人、学生健康成长的引路人、学生教育管理工作的联系人。加强辅导员队伍建设，建立辅导员上岗培训、日常培训、职业培训、专题培训等多层次、多形式的培训体系，促进辅导员系统学习学生思想政治教育、学生发展指导、学生事务管理等方面的知识。加强辅导员工作考核，促进辅导员对学生思想状况的了解，有针对性地开展好学生思想引导工作，及时为学生提供指导与服务。

第二节 大学生英语学习全过程指导服务

"当今时代，随着信息技术的广泛应用，学习的时空边界不断突破，泛在学习、移动学习和线上线下混合式学习等正在成为学生学习的新常态。在学校和教室学习书本知识的正式学习和在校外真实情景中的非正式学习的融合，正在成为未来学习变革的趋势。有鉴于此，未来教学模式的变革应把教会学生学习、为学生学习提供有效的指导,作为变革的着力点。"[1]学生的首要任务是学习，高校要加强学生教育管理，引导学生勤奋学习，刻苦钻研，躬身实践，勇于创新，促进良好学习风气的养成，加强学生高校英语学习全过程指导服务，促进学生成才成长。

一、新生入学指导

在新生踏入大学校门之日起，为了帮助他们更好地适应大学生活、融入英语专业学习、实现自我价值，高校应主动加强新生入学指导。通过入学指导，增加新生对英语专业的了解和兴趣，提高学生专业认知度、认可度和学习主动性。

一是组织教师向新生宣讲高校、学院及专业的发展历史和特色优势。高校、学院、专业的发展历史不仅记录了高校、学院、专业的成长轨迹，更蕴含着深厚的文化底蕴和专业积淀。经过向学生宣讲英语专业办学的历程，有助于大学新生更直观地认识专业学习的魅力和价值。高校、学院及专业的特色优势不仅体现在师资力量、科研实力上，而且体现在课程设置、实践教学等方面。通过宣讲办学特色和优势，有助于新生了解高校、学院、专业的竞争力，从而提升专业学习的自觉性和主动性。通过组织参观实验室，向新生展示先进的实验设备、丰富的实验成果，通过现场讲解和互动体验，新生们能够更深入地了解专业的内涵和要求，激发对专业学习的兴趣和热情。二是组织新生学习学校的各项规章制度，了解大学生活和学习特点。学校的各项规章制度涵盖了学生的学习、生活、纪律、安全、健康等重要内容，通过教师的详细解读和案例分析，帮助新生明确自己在大学期间需要遵守的规则和注意事项。

---

[1] 胡定荣. 论教学模式的校本学习指导转向[J]. 教育研究,2020(7):81.

二、专业认知指导

大学生的专业学习与未来职业生涯紧密联系,学生对英语专业的认同状况在很大程度上影响学生对专业学习的积极性和学习效率。"由于目前国内中学教育缺乏相应的职业生涯指导和探索,很多高中生在选择专业时往往并不清楚自己的兴趣所在。而且,受到大学专业选报的制度限制,部分学生并不能完全按照自身兴趣意愿做出专业选择。因此,大学新生专业认同的程度可能会存在很大的个体差异,这必然会影响到他们的适应状况。"[1]进行英语专业认知指导是为了充分发挥专业教师作用,给予学生专业学习指导,解答学生学习疑惑,提升学生学习主动性。

通过入学后的英语专业教育和开设专业导论课程,对学生进行专业认知教育,向学生解读培养方案,帮助学生了解专业培养目标、毕业要求、课程体系并理解其相互关系,使学生明确毕业时能够具备的知识、能力和素质。邀请校内外专家及资深专任教师,通过报告、讲座等方式介绍英语专业发展现状及前景,帮助学生更加全面地了解英语专业的应用领域和发展趋势,增进学生对英语专业的立体化认识,加深对培养目标及毕业要求的理解,增强对英语专业的学习兴趣。除了讲座和课程之外,专业教师还可以通过个别辅导、小组讨论等方式,为学生提供个性化的专业认知指导。通过专业认知指导,认真解答学生专业学习可能遇到的问题和困惑,引导他们掌握正确的学习方法,培养自主学习能力和创新精神,更好地掌握专业知识和专业技能。

三、学业规划指导

制定明确的学业规划对于学生充分利用大学学习时光、更好地管理时间、实现学业目标尤为重要。"尤其是在智能时代的高等教育中,教师对学生个性化、灵活化的学习指导变得尤为重要,因此要构建学业导师、科研导师、生活导师和朋辈导师'四导师制',建立学业指导与咨询专家库,组成理念新、

---

[1] 郝嘉佳,牛宏伟. 元认知、人际素质和专业认同对大学新生适应的影响[J]. 心理与行为研究,2015(6):779.

能力强、肯投入的优秀导师集群，形成学业指导常态工作机制。"[①] 教师应指导学生制订整体学业规划和每年的年度学业规划，按规划完成专业学习任务，达成毕业要求。

在制定整体学业规划时，教师应与学生深入沟通，了解他们的兴趣、优势、职业规划等个人情况，以制定科学合理的、既符合学校教学要求又符合个人发展需求的学业规划。学业规划包括长期目标和年度目标，以及实现这些目标所需的步骤和策略，并根据实际情况适时调整规划。

为了确保学生按计划完成英语专业学习任务，指导教师应定期跟踪他们的学习进度，并提供必要的支持和帮助。鼓励学生制订年度学业规划，将长期目标分解为具体可行的短期目标，并设定明确的时间表。通过这种方式，学生可以更加清晰地了解自己在每个阶段需要完成的任务，从而更加有针对性地进行学习。

为了帮助学生更好地适应大学学习，学院和专业应每年组织高年级优秀学生、骨干教师共同为低年级学生的学习经验交流、学习规划指导、考研经验交流、答疑解惑等。通过学习交流活动，低年级学生可以提前预知未来学习中遇到的问题与挑战，学习高年级学生的学习方法和学习经验，激发他们的学习热情和动力，从而更好地规划自己的学习安排。同时，学生还可以向专业教师请教学习问题，获取专业的指导和建议。

四、学生选课指导

在选课阶段，做好选课准备，向学生提供各类课程的详细介绍，将选课要求和说明周知学生，分类提供选课指南等。选课结束后，对于不合理选课，通知学生改选。

教师帮助学生利用网络查看教学大纲，讲解培养方案，帮助学生了解培养目标、毕业要求、课程体系等，指导学生选课，以完成培养方案规定的学

[①] 廖春华,欧李梅. 智能时代以自主学习为中心的学生学业发展体系构建探索[J]. 中国大学教学,2020(10):74.

习计划，达到毕业要求。同时，教师应根据学生的个人兴趣、专业方向以及未来发展目标，为学生推荐合适的课程，并解释课程的学习内容、难度以及与其他课程的关联性，为学生提供个性化的建议和指导。

五、课程学习指导

"教学模式的变革需要继续发挥教学理论和实践的中介作用，结合信息时代学生发展核心素养的要求，从追求最佳教学程序安排的普适教学模式转向创造校本学习指导模式。"[①] 在英语专业课程和高校英语公共基础课的课程教学中，教师应充分发挥主导作用，注重培养学生的学习兴趣和自主学习能力，同时加强与学生的互动交流，促进学生学业进步和全面发展。

在课程授课前，教师应向学生介绍本课程的学习目标、学习内容、主要学习方法、考核办法及毕业要求等，使学生理解本门课程学习对于知识、能力和素质培养的重要性和必要性，提升学生学习的积极性和主动性。

在课堂教学环节，教师不仅要传授知识，还要注重培养学生应用所学知识解决实际问题的能力，促进课程目标的达成。通过多种形式的答疑、质疑讨论，指导学生正确理解专业知识和理论，鼓励学生运用专业知识去分析、解决复杂问题，提升学生的批判性思维和创新能力。通过布置课程作业、撰写分析报告等方式，引导学生自主学习、主动探索，培养学生的自主学习能力。

六、实践环节指导

实践教学是培养学生实践创新能力的关键环节。高校应利用专业实验室、学科实验室和学科创新平台等，开展英语专业课程实验、毕业论文等实践教学环节，培养学生的实践创新能力，在实践教学过程中，加强实践环节指导。

在各类实践教学活动开展前，指导教师组织召开学生动员会，详细介绍实践环节的教学目标、目的、内容和要求。学生提前了解实践环节的基本情况，明确学习要求。在实践教学过程中，实行质疑与答疑相结合、实践与理

---

① 胡定荣. 论教学模式的校本学习指导转向[J]. 教育研究, 2020(7):76.

论相结合,引导学生利用相关专业理论知识分析实践相关问题,促进学习目标的达成。学生在实践过程中遇到的问题和困惑,由教师及时给予解答和指导,同时教师也要注意引导学生利用相关专业理论知识分析实践教学相关问题,培养学生的独立思考能力和问题解决能力,确保实践环节过程质量。

毕业论文作为实践教学的重要环节之一,需要进行全程进行质量监控。每位学生必须参加选题、开题答辩、中期检查、论文重复率检查和毕业论文答辩等考核环节。在这些环节中,指导教师、评阅教师、答辩小组成员对每一个学生的论文进行审核、质疑和指导。通过严格的审核机制确保毕业论文的质量,同时也有助于提高学生的学术素养和创新能力。在毕业论文工作过程中,指导教师定期对学生进行指导和答疑,根据学生的论文进展情况,提出具体的修改意见和建议。教师的及时指导有助于帮助学生解决在毕业论文过程中遇到的问题和困惑,确保他们能够按照要求完成毕业论文,并达到相应的毕业要求。

七、创新实践指导

加强学生创新创业指导,加强创新创业课程体系建设,通过"实景体验,教师引导,学生参与"的方式,对学生进行创新创业教育,培养学生的创新创业意识和能力。完善科技创新机制,积极开展学生课外科技创新活动。依托专业举办形式多样的科技竞赛,激发学生的创新热情,提升科技实践能力。鼓励教师指导学生参加各类学科竞赛,如"互联网+"大学生创新创业大赛等,提高学生专业实践能力、创新意识和社会素质。资助学生科研立项,增强学生的创新能力。

第三节 大学生学业跟踪与评估

"学业指导是大学教育过程中的一项重要活动,旨在帮助学生选择合适的学习计划,并激发他们的学习潜能。"[1]学业指导是一个比较宽泛的概念,在不同的情境中有不同的意涵,但均以促成大学生高质量学习并保障教学质量为宗旨。为保证高校英语学习质量,高校应对学生在高校英语整个学习过程中的表现进行跟踪与评估,并通过形成性评价保证学生毕业时达到毕业要求。为此,高校应建立规范的各教学环节的评价标准和评价方式,对每位学生在各学习环节的阶段学业完成情况和专业水平、专业能力和社会能力达成情况进行全方位的跟踪与评价,根据形成性评价结果,对学生进行鼓励或预警,对学习困难学生开展帮扶,促进学生提高学习效果,达成毕业要求,促进学生全面发展。

一、大学生学业跟踪评估体系

学生学业表现以采用结果取向的指标衡量较为常见,具体指标包含学生的平均学分绩点、标准化处理后的考试成绩、挂科数量(挂科与否)或采用自评量表等[2]。为加强学生学习过程的跟踪与评估,高校需要从学校、学院、专业层面建立三级学生学业跟踪评估体系,以全面、系统地跟踪和评估学生的高校英语学习过程,提升教学质量和水平,促进学生的全面发展。

建立大学生学业跟踪评估体系,有助于高校全面了解学生的高校英语学习状态和需求,及时发现和解决学生在学习过程中遇到的问题,有助于提升教学质量和水平,促进学生的全面发展。此外,学生学业跟踪评估体系加强了学生、教师和学校之间的沟通与协作。学生通过学业跟踪评估体系及时了解自己的学习状态和进度,调整学习策略;教师根据学生的学习状态,提供更有针对性的指导和帮助;学校可以通过学业跟踪评估体系,全面掌握学生的学习情况,为教学改革和决策提供依据。这种多方参与的学业评估机制,使得学生的学习过程更加透明,有助于实现教育资源的优化配置和高效利用。

---

[1] 蔡翾飞,余秀兰. 我国高校学业指导:现实与愿望——基于中国10所大学的分析[J]. 高教探索,2019(6):31.

[2] 童星. 家庭背景会影响大学生的学业表现吗?——基于国内外41项定量研究的元分析[J]. 南京师大学报(社会科学版),2020(5):49-59.

从学校层面来看,教务处、研究生院、学生处和校团委负责学生英语学习状态的综合管理。教务处和研究生院是高校负责教学工作的职能部门,负责组织学校本科和研究生的英语教学工作,业务范围包括专业建设、课程建设、教材建设、实验室建设、实习基地建设、学生学籍管理等工作,对于学生的学业跟踪评估负有管理职责。学生处负责大学生日常思想政治教育和日常管理,负责大学生资助和心理健康教育与咨询服务等工作。校团委负责加强对大学生的思想道德素质教育、抓好团的组织建设、积极开展大学生科技创新活动和大学生社会实践工作等。

从学院层面来看,学院教学科研办公室和院团委负责英语专业学生学习状态的跟踪评价、学业预警及学籍审核。教科办负责及时落实教务处、教究生院关于学生学业跟踪评估的相关工作,对于学业出现问题的学生,及时发出预警,并组织教师提供相应的帮助和指导。学院团委负责学院学生的日常管理工作,对于学业预警情况予以及时干预。

从专业层面来看,专业教师负责英语专业学生学习状态的数据整理、分析、评价和指导。通过对学生的作业完成情况、课堂表现、课程考核等环节的分析,专业教师可以对学生的学习状态作出全面了解,并根据学生的学习状态,提供个性化的指导和建议,帮助学生制定合理的学习计划,提高学习效果。

二、大学生学业跟踪与评估方式

围绕学生的学业跟踪与评估,可以采用三种方式。三种方式相辅相成,针对每位学生个体,形成完备的跟踪与评估体系。其中,教学环节跟踪与评估由教师负责,在学生学习过程中进行;学分跟踪考核和学生综合素质测评由高校和学院层面负责,主要在学期末进行。

(一)课程教学环节的跟踪与评估

面向英语课程教学全过程、各环节,通过健全规章制度、采用多元化的评价方式，深化课程教学环节的跟踪与评估，确保任课教师能够即时、准确地跟踪与评估学生在整个英语学习过程中的表现，全面了解学生的学习情况和能力水平，并为学生提供有针对性的指导和帮助，促进其全面发展。

在课堂学习环节，任课教师应对学生的课堂出勤、课堂测验、课后作业、期末考试成绩以及综合成绩评定等进行跟踪评估与评价。教师可以通过网络学习平台或借助现代信息技术，实时记录学生的出勤情况和作业完成情况。课堂测验和期末考试可以帮助学生检验自己的学习成果，并为教师提供评价学生学习进度的依据。

在实验环节，任课教师应对学生的实验操作、实验报告等进行跟踪评估与评价。教师可以通过观察学生的实验操作过程，评估其技能掌握程度和实践能力。学生提交的实验报告也是评价其学习成果的重要依据，教师可以通过阅读实验报告，了解学生对实验原理、实验步骤和实验结果的理解程度。

在实习环节，实习指导教师应对学生的实习表现、实习报告等进行跟踪评估与评价。实习是学生将所学知识应用于实践的重要环节，也是检验学生综合素质的重要途径。教师可以通过与实习单位沟通、检查实习报告和听取学生汇报等方式，了解学生在实习中的表现和能力提升情况。

在创新创业实践环节，项目指导教师应对学生创新创业实践结果，如论文、各类竞赛获奖等进行跟踪评估与评价。这一环节的评价侧重于学生的创新思维、创业能力和实践能力。教师可以通过审阅学生的论文、了解学生在各类竞赛中的获奖情况等方式，全面了解学生的创新创业能力和实践成果。

在毕业论文环节，指导教师、评阅教师和答辩小组等应对学生的平时表现、开题、中期检查、毕业论文、答辩等进行跟踪评估与评价。毕业论文是检验大学生综合素质和学术水平的重要途径。教师可以通过审阅学生的开题报告、中期检查报告和毕业论文等方式，了解学生的研究能力、学术水平和创新能力；同时，通过听取学生的答辩汇报和提问等方式，全面了解学生的综合素质和学术水平。

（二）学分跟踪考核

为了确保教育教学质量，面向大学生建立学分跟踪考核机制，实时监控每位学生的学分情况，并深入剖析学生在各个学习阶段的表现，以便及时发现并解决问题。对于少数不能顺利完成英语课程的学习、出现考试不及格或者课程结业成绩不合格的学生，学校通过采取补考、重修等措施，直到监督学生逐步达到相应的学分要求。在学分跟踪监控的过程中，对于未能按时完成学分的同学给予预警，并采取相应的学习指导帮扶措施。通过实时监控和预警，学校及时发现学生的学习问题，并采取相应的措施加以解决。

（三）学生综合素质测评

学生综合测评是对学生在校期间表现的综合性的全方位评价，涵盖了德育素质、智育素质和体育素质等多个方面。在德育素质方面，注重学生的思想道德素质、社会责任感以及团队合作精神的培养。在智育素质方面，鼓励学生进行跨学科学习，培养创新思维和解决问题的能力。通过开设丰富的选修课程、科研实践等，引导学生在学术领域深入探索，提升学术水平。在体育素质方面，注重学生的体育锻炼和身体素质的提升，通过开设体育课、组织体育比赛等活动，引导学生积极参与体育活动，培养健康的生活方式。

学生综合测评是高校促进学生全面发展的重要手段。通过制定完善的管理办法、坚持科学的评价原则和方法、鼓励师生共同参与等方式，对学生综合素质发展的程度及情况进行跟踪评估，规范综合素质测评工作，更加全面、准确地反映学生的综合素质水平，为学生提供有力的数据支持，进一步推动学生全面发展。

综合测评坚持定性与定量测评相结合、动态记实与静态评议测评相结合、民主与集中测评相结合的原则，通过对在校生表现和各方面素质的评定与评价，科学合理地反映学生综合素质的相对水平。定性测评主要关注学生的表现、态度和行为等难以量化的方面，通过观察和访谈等方式进行评价。定量测评则主要依据学生的成绩、作品、参与活动的次数等可量化的指标进行评价。动态记实主要记录学生在校期间的表现和成长过程，包括参与活动、获得荣誉、学术成果等。静态评议则是对学生的综合素质进行定期评估，通过比较不同时间点的表现，了解学生的发展情况。鼓励学生、教师和管理人员共同参与评价过程，充分听取各方面的意见和建议。同时，注重集中管理，确保评价过程和结果的公正性和客观性。通过定性与定量测评相结合、动态记实与静态评议测评相结合、民主与集中测评相结合，更加全面、准确地反映学生的综合素质水平。

三、大学生学业形成性评价机制

形成性评价不仅仅是对学生最终学习成果的简单评价，它更侧重于对学生英语学习过程中的各个环节进行细致、全面地评估。这种评价方式覆盖了学生学习过程中的所有关键环节，包括课堂学习、实验教学、实习教学、毕业论文等，旨在通过对学生学习过程的持续跟踪和阶段性评价，综合评判课程目标的达成程度和学生的学习效果。

形成性评价有助于帮助学生监控英语学习进程以及学习目标达成情况，促使学生主动学习，也有利于教师不断完善课程教学内容和授课方法。专业教师通过对学生的形成性评价，一方面可以面向学生及时调整自己的教学内容和授课模式，提高教学质量；另一方面可以及时发现学生学习过程中存在的问题，对学生学习方法和方式予以有步骤地矫正，如对于成绩落后的学生诊断其学业困难原因，并提供个性辅导；而对已经达标的学生进行强化和鼓励，从而保障全体学生的学习成效。

形成性评价的开展需要借助现代信息技术手段来辅助实施。教师可以通过在线教学平台收集学生的学习数据，通过在线学习、考勤、课内讨论、课外作业、随堂测验等多种形式及时定量或定性获取学生对各项教学目标的学习成效，利用数据分析工具对学生的学习过程进行深度挖掘，实现对学生在整个学习过程中的表现进行跟踪与评估，获得可信的形成性评估数据。同时，教师还可以利用社交媒体等渠道与学生进行互动交流，及时了解学生的学习需求和困惑，为学生提供个性化的学习支持。

为了确保形成性评价的有效实施，每学期开课前，课程负责人需要根据课程教学大纲，制定详细的形成性评价实施方案。在实施过程中，教师需要密切关注学生的学习过程，及时收集评价数据，并对评价结果进行分析、反馈和总结。通过"即时评价—反馈信息—完善教学"的循环机制，教师及时了解学生的学业状况，根据学生的实际情况不断调整教学策略，提高教学质量。

任课教师在教学过程中，围绕课程目标、针对教学过程的多个环节，对学生开展学习表现和能力达成两方面的形成性评价，综合评判英语课程目标的达成程度和学生学习的效果。通过在课程过程中教学环节的合理设置，对学生学习过程表现开展多元化的跟踪评价，强化学生学习效果，并为下一个课程教学过程的改进和提高提供参考。根据不同课程的课程目标达成情况，综合分析学生个体的毕业要求能力达成情况，分析学习困难环节，展开针对性帮扶。

针对不同课内教学环节的学习表现，采用不同的跟踪评价方式。对于理论课程，可以采用课堂表现、讨论、作业、测验、课程报告、期末考试等评价方式。对于课程实验，可以采用实验预习、实验操作、实验报告、实验项目抽测、测验等评价方式。对于学生实习，可以采用实习笔记、实习过程表现、实习报告、答辩等评价方式。对于毕业论文，由学院和专业组织对学生开题、中期检查、论文评审和毕业设计答辩；指导老师按照进程进行阶段性指导和考查；总评成绩由开题报告成绩、中期考核成绩、指导教师评阅成绩、评阅教师评阅成绩和毕业答辩成绩按评价标准综合给出。

四、大学生学业帮扶机制

随着高等教育进入普及化阶段，大学生的学习生活和学习态度呈现出复杂化和多样化的新特点。因学习问题而引发的休学、退学、抑郁等现象日益突出。"有研究表明，约40%的大学生存在程度不同、类型各异的学习困难。学习困难的大学生因学习成绩以及连带的毕业难，就业难等问题突出，同时导致其人际疏离,社会隔离,伴发抑郁、沮丧、悲观等情绪问题。"[1] 为落实立德树人根本任务,高校应及时掌握学习困难学生、精准认定家庭经济困难学生、科学筛查心理问题学生,对学生的学习和生活过程进行全方位的帮扶。对于学业困难学生,每学年初,按时统计学生未修够学分情况,确定帮扶对象,由专业教师、班主任、学业导师、辅导员等与学生谈话沟通,使学生明确学习目的,端正学习态度,共同督促学生学习。

学业帮扶主要通过四个渠道进行。一是专任教师帮扶。任课教师在英语课程教学过程中,通过课堂提问、课后答疑和作业辅导、考前答疑等方式帮助学生掌握课程内容,对学业困难或出现学业预警的学生重点关注。二是专业导师帮扶。英语专业导师应定期与学生见面沟通交流,跟踪了解学生的课程学习情况,帮助学生端正学习态度,明确学习目标,指导学习方法,对自己指导的学生中出现学习困难,特别是学业预警的学生,及时采取必要的帮扶措施,进行一对一的帮扶。三是班主任学业指导和帮扶。对于被学业预警的学生,班主任通过谈话、专业兴趣引导、学业情况了解跟踪和辅导等方式,及时进行实时监督与指导。四是辅导员帮扶。辅导员与班主任保持紧密联系,通过查自习、查课、查宿舍、与学生谈话等方法,发现潜在问题并帮助学生分析问题,与学生家长形成合力,共同帮助学习困难生克服学习困难。

---

[1] 王浩业,鲁小华. 理工科大学生学习困难分析及干预对策初探——基于北京交通大学的研究[J]. 思想教育研究,2015(3):85.

第五章
高校英语信息化教学改革

课堂教学是立德树人的主渠道，高校应当以"高阶性、创新性、挑战度"为标准加强高校英语课程建设，优化课程结构，丰富优质课程资源，大力推进"以学为中心、以教为主导"的课堂教学改革，发挥课程建设典型带动作用。加强在线课程资源和信息化教学平台建设，完善智慧教学环境。推进教学内容和课程体系改革，及时将科技前沿和科研成果转化为教学内容。利用现代教育技术和手段，构建线上线下教学模式，建立学习共同体。

第一节 现代信息技术与高校英语教学深度融合

随着新一轮科技革命和产业变革的蓬勃兴起，人工智能、大数据、云计算、物联网等新兴科技迅猛发展，给人类社会带来深刻变革。新一代信息技术在高等教育领域的广泛应用，引发了教学理念、教学方法、教学组织的革命性变化，基于信息技术的新型教育教学模式构建已经上升为国家战略。促进现代信息技术与高校英语教学深度融合，以信息化手段服务教育高校英语课程教学全过程，成为高校英语教学改革主要的发展方向。

一、信息技术与高校英语教学融合的必然趋势

"高等教育数字化转型大致分为转换、转型和全面转型三个阶段。第一个阶段即转换阶段,主要是将数字技术融入教育教学管理的各要素和各环节。第二个阶段即转型阶段,该阶段主要是进行重组和再造,转换和提升教育发展的内生动力结构,从工业化的支撑体系转到信息时代的动力结构。第三阶段即全面转型阶段,主要是全要素、全业务、全流程和全领域的变革,构建教育的新生态。这三个阶段和技术的导入和发展是高度吻合的,教育技术的生产力支撑和驱动了教育的变革,互联网乃至移动互联网阶段,基本是转换阶段,到大数据和人工智能阶段,开始进入转型阶段,随着元宇宙时代的到来,教育数字化将进入全面转型阶段。"[1]当前,线上线下混合式教学已经成为高校英语主要的教学模式。但是面对新型教学模式个性化、智能化、泛在化挑战,部分教师的信息化素养不足、混合式教学模式不成熟、教学效果不佳,要求推进现代信息技术与高校英语教学深度融合,确保并提升教育教学质量。

(一)现代信息化是推进高等教育现代化的关键

《中国教育现代化2035》指出,信息化是教育现代化的重要内容,也是推进教育现代化的关键途径。要适应信息化不断发展带来的知识获取方式和传授方式、教和学关系的革命性变化,推动信息技术在教学、管理、学习、评价等方面的应用,全面提升教育信息化水平和师生信息素养,推动教育组织形式和管理模式变革创新,以教育信息化带动教育现代化[2]。教育信息化包括教育理念的信息化、教育资源的信息化和教育行为的信息化。教育理念是时代变革和社会转型的产物,高等教育理念的发展演变既要受到社会政治、经济和文化的影响,同时又要符合高等教育自身发展规律的要求。传统的教育理念侧重于知识的传授,而随着现代信息技术的发展,传播知识的渠道增多,

---

[1] 杨宗凯. 高等教育数字化转型的路径探析[J]. 中国高教研究,2023(3):2.
[2] 中共中央 国务院. 中国教育现代化2035.[EB/OL].(2019-02-23).http://www.xinhuanet.com/politics/2019-02/23/c_1124154392.htm.

教师教学中知识的传播功能逐渐减少，激励学生思考的成分愈来愈多，教师的作用不仅在于是否会讲授知识，而在于是否能激发学生的学习动机，唤起学生的求知欲望，让学生积极主动地参与到教学过程中来。现代教育教学理念以学生的学为中心，教师不仅要以自身的学识素养去为学生解惑，而且要引导学生自主学习、独立思考、学以致用。

在数字智能时代，资源的共享和信息的传播更加便利。随着众多在线教育平台的相继出现，课堂不再是学生获取知识的唯一途径。因此，努力构建教学环境的信息化、教学内容的数字化、实践教学过程的网络化以及教学媒体的综合化，提升师生的信息素养，实现课程教学与信息技术的有机整合，形成自主学习和终身学习的可持续发展的学习模式是教育资源信息化的关键所在。

目前，在校大学生是从小与网络、手机为伴的"数字原住民"，他们接受信息的渠道、思维模式、行为方式都受到了互联网的深刻影响。数智时代超文本、即时回应、多重互动等新媒体的特性，使得信息输入与输出发生显著的变化，并表现出即时性、社交性、个性化、多路径等特点。处于数智时代的大学生，其思维模式和学习习惯已经发生了显著的变化。传统的基于书籍、面对面传授的学习方式已经不再完全适用数智时代教与学的要求。基于移动互联网和手机终端的线上线下相结合的混合式学习，乃至进一步发展至基于泛在网络和任何接入终端的泛在学习正逐渐成为主流的教与学方式。因此，教师一方面应该结合数智时代的学生特征，思考使用什么样的教学方式更容易为学生所接受，以何种类型的教学方法更适合学生的学习，从而转变教学观念、变革教学方式。另一方面，教师也可以借助信息化教学环境的支撑，整合在线自主学习、协作学习和混合式学习，构建更适合数智时代的学生学习的新型教学模式，从而顺应教育信息化的需求，培养具有良好的自主学习能力、人际交往能力和研究能力的创新型人才。

在数智时代，实施"互联网+教育"的教育模式成为不可逆转的发展趋势。在线学习正在成为一种生活方式，潜移默化地改变着人们的工作、学习和生活，带动人们进入一个人人学习、时时学习、处处学习的终身学习的学习型社会。面对数智时代教育理念、资源、行为的信息化发展，教师需要用心去了解学生，重新审视教学设计，激发学生的创造力，帮助学生自主有效的学习。在数智时代有效提高高等教育教学质量，就必须紧跟数字化、智能化发展的时代步伐，不断探索新局面、新形势下高等教育信息化的有效途径，促进现代信息技术与高校英语教学深度融合。

（二）人工智能赋能高等教育带来机遇与挑战

随着人工智能在高等教育领域的广泛应用，如何有效应对人工智能挑战、促进高等教育数字化发展成为高等教育发展的热点话题。在世界范围内，联合国教科文组织、美国、欧盟、芬兰、德国、法国、东盟等国家和国际组织对于高等教育数字化转型、教师数字素养和数字教学能力提升的做法为我国提供了有益借鉴。2021年联合国教科文组织发布《人工智能与教育：政策制定者指南》；2023年发布《生成式人工智能与教育的未来》《教育与研究领域生成式人工智能指南》。2023年中国等国家共同发布《布莱切利人工智能安全宣言》；OpenAI公司发布《ChatGPT人工智能教学指南》。2024年2月，欧洲数字教育中心（EDEH）发布《人工智能在教育中的使用场景和实例》。2024年3月，联合国大会通过了第一个有关人工智能的决议草案，强调"迫切需要就安全、可靠和值得信赖的人工智能系统达成全球共识"。2024年世界数字教育大会在上海召开，提出实施人工智能赋能行动，"构建面向未来的数字教育新生态"成为世界共识。

近年来，国家多次出台文件，落实高等教育信息化发展政策，狠抓各项教育工作落实，不断加大高等教育教学信息化的实施力度，加强信息化教育的治理能力，以更好促进高等教育的信息化建设。2012年，《教育信息化十年发展规划（2011—2020）》首次提出"信息技术与教育教学深度融合"这一重要命题，这对于实现高等教育全方位创新、提升教育教学质量、构建学习型社会和人力资源强国具有重要意义。在经济全球化的大背景下，国家的信息化水平和信息化能力成为新的衡量国家综合实力的重要指标。2022年我国建成首个国家智慧教育公共服务平台，建设了教学案例库、教学重难点问题库、教学素材库等教学资源库。2023年，国家网信办等发布《生成式人工智能服务管理暂行办法》；科技部等印发《科技伦理审查办法（试行）》；国家人工智能标准化总体组、全国信标委人工智能分委会发布《人工智能伦理治理标准化指南》。2024年，教育部启动人工智能赋能教育行动，推出4项具体行动；同年，教育部公布首批18个"人工智能+高等教育"应用场景典型案例。

人工智能正在重构教育空间与活动流程，改变高等教育领域中师生的学习、生活与思维模式。人工智能赋能高等教育，能够让教育者更加高效、系统地认识教育客体，使教育内容更加契合个性化、隐性化的目标，使教育方法更加注重过程性、具备前瞻性[1]。人工智能可以从智能化教学场景打造、个性化学习资源供给、智慧化学生测评体系建设三个维度促进教学模式创新发展。运用人工智能多模态分析、人工智能算法、人工智能场景以及人工智能人机协同等为精准画像、精准供给、精准引领以及精准评价赋能，可以最大程度提升高等教育教学精准化水平[2]。与此同时，人工智能赋能高等教育也带来一系列伦理与技术难题、安全风险和未知的不可控因素，如人工智能应用于教学"面临心灵理解、艺术创作、数据分析的漏洞破绽，面对原理类知识、程序类方法和价值类知识的力不从心，面临生成性教学、情感性教学和实践性教学的无能为力"[3]等，要求高校深化教育教学模式改革，推进现代信息技术与高校英语教学深度融合。

（三）现代信息技术与教育教学深度融合加速教学模式改革

"教学信息化是教育信息化的核心部分，也是高等教育信息化发展的重

---

[1] 燕连福,秦浦峰.生成式人工智能赋能思想政治教育的价值、问题与对策[J].广西社会科学,2023(9):201-206.
[2] 操菊华.人工智能赋能思政课教学精准化的理论逻辑与实践图景[J].思想理论教育导刊,2022(4):241-247.
[3] 曹斯,罗祖兵.人工智能应用于教学的困境、限度与理路[J].电化教育研究,2024(4):88.

点,其建设水平已成为衡量高校整体办学水平、形象和地位的重要标志。"[①] 高等教育信息化强调推动实现现代信息技术在高等教育领域的广泛应用,从而促进高等教育改革,加速高等教育的现代化。现代信息技术的迅速发展为吸纳新知识和新信息提供了便捷高效的渠道,教育领域中优质的教学资源、课程资源不断更新,对传统的高等教育教学观念、教师的教与学生的学等都产生了深刻的影响,对旧教育方式提出了巨大挑战。以智能化为特征的新一代信息技术迅猛发展,必然推动教育教学模式的深刻变革。

古代的教学模式是"讲—听—读—记—练"的传授式的教学模式。18世纪后期,赫尔巴特提出了以教师为主体的"明了—联想—系统—方法"的四阶段教学模式,后被发展为五段教学模式。19世纪末到20世纪初,美国教育家杜威的实用主义教育理论广受推崇,"创设情境—确定问题—占有资料—提出假设—检验假设"的教学模式得到发展,开辟了现代教学模式的新路,但它在某种程度上被认为弱化了教师的指导作用,片面强调直接经验的重要性,忽视了知识传递的系统性。20世纪50年代以来,随着认知心理学,尤其是系统论、控制论、信息加工理论等的产生,对教学模式产生了深刻的影响,出现了许多新的教学思想和教学理论,同时也产生了许多新的教学模式。

传统的各种教学模式以"传递—接受"式教学为基本特征,这种模式以传授系统知识、培养基本技能为目标,着眼点在于充分挖掘人的记忆力、推理能力与间接经验在掌握知识方面的作用,使学生比较快速有效地掌握更多的信息,强调教师的指导作用,认为知识是教师到学生的一种单向传递,非常注重教师的权威性。学生能在短时间内接受大量的信息,并能够培养学生的纪律性、抽象思维能力。但是,学生对接收的信息很难做到透彻地理解,人才培养规格过于模式化和单一化,不利于培养学生创新思维和解决实际问题的能力,制约学生的创新性发展。由于长期的"传递—接受"式教学实践,高校教学普遍呈现出一种"满堂灌"的现状,影响了学生的全面发展。这种不尽合理的教育教学模式也促使高等教育界逐步开始对传统教学模式进行反思。

[①] 张一春,钟秋菊,任屹远.高校教学信息化创新发展的核心内容与实践进路——基于教育数字化转型的TASH视角[J].电化教育研究,2024(2):71.

从总体上看，现代信息技术应用于教学，经历了起步、发展、整合三个阶段。"信息技术教育应用起步阶段主要是引进计算机辅助教师教学，利用计算机图形动画与快速运算等功能，帮助教师呈现教学内容、解决教学问题。信息技术教育应用的发展阶段主要是继续将技术引入教育场域，并重点应用于学生学习中。在这一阶段，计算机辅助应用的重点从教转向了学，强调将计算机作为学生查找资料、答疑解惑的探究工具，提升学生自主学习能力。信息技术与教育整合阶段是指将信息技术整合于学科课程中。微机与网络技术的普及使信息技术教育应用超越计算机辅助教与学，走向信息技术与全课程的整合，具体包括在教学环境、教学内容呈现、教师的教学、学生的学习、师生互动等方面的应用与变革。"① 从20世纪90年代开始，国内高校开始探索计算机辅助教学，在教学过程中以计算机为主，综合运用投影、音响等多媒体设备。这种辅助教学一定程度上改善了传统教学模式呆板、僵化的弊端，但从总体上仍然没有能够改变"传递—接受"式教学。如何发挥现代信息技术的作用，改变"满堂灌"教学模式，从而有效提高课堂教学质量，成为高等教育界探索教学改革关注的热点。

20世纪90年代，随着多媒体计算机和互联网的迅猛发展，建构主义理论开始盛行，知识的主动建构找到了强大的技术支持和保障，高等教育开始把发展学生学习的主体性与自主性作为重点，把学生的学习环境和活动创设作为教学的重心，由此衍生出众多基于建构主义学习理论的教学模式。建构主义主张学习是学习者通过已有的经验、知识结构对新知识进行主动建构，而不是被动接受。在学习过程中，学习者一方面要利用原有的知识结构同化新知识，赋予新知识以某种意义，另一方面要顺利应用新知识，对原有认知结构进行改造与重组。建构主义学习理论一方面强调学习者通过自主学习进行知识的主动建构，另一方面也不忽视教师的主导作用，认为教师是知识建构的帮助者、指导者和促进者。借助现代信息技术手段，既要发挥学生学习主体作用，又要发挥教师主导作用的混合式教学模式应运而生。

---

① 蔡连玉,金明飞,周跃良. 教育数字化转型的本质:从技术整合到人机融合[J]. 华东师范大学学报(教育科学版),2023(3):37.

以现代信息技术促进大学教与学方式的变革和发展成为全球高等教育发展的热点。2012年，在线教育组织发起"慕课"，将开放教育资源运动从"教育资源的开放"推向了"课程教学的开放"。北京大学、清华大学、上海交通大学、复旦大学等国内名校纷纷加盟国外慕课组织，同时，爱课程网、学堂在线、好大学在线、优课联盟等国内慕课平台及联盟也陆续创建。借助现代信息技术优势，大学的优质教育资源不仅惠及世界范围内的学习者，并且正在对大学在校生的学习方式、教学方式，乃至高校的教育教学形态产生革命性的影响。有效获取、分析、利用信息和知识，成为数智时代的公民应该具备的基本素质。

现代信息技术与高等教育教学的深度融合促进了教学模式的改革创新。随着数智时代的到来，现代信息技术手段更加丰富，网络教学、移动课堂、在线学习等新的教学模式和学习方式不断出现，对高等教育教学的教学形式、师生互动形式和评价机制产生了深刻影响，高校英语课程教学的信息化程度也不断提高。教师在教学中应当尊重学生的主体地位，利用信息技术手段开展教学，促进两者的深度融合，不断提高教育教学质量。

二、现代信息技术与高校英语教学融合存在的问题

现代信息技术手段在英语课程教学中的应用，很大程度上激发了学生自主学习的积极性，丰富了课堂教学方式，但是它不管以何种形式出现在课程教学过程中，都是作为一种辅助手段，以服务课程教学目标为宗旨。当前，在慕课、微课、翻转课堂等一系列新式教学模式中，新的教学方式和手段与课程教学目标的有效融合还不够理想，现代信息技术与高校英语教学深度融合还存在一系列问题。

（一）现代信息技术应用"泛化"现象明显

在传统的课程教学当中，教师习惯用"粉笔+黑板+课本"的模式进行内容的讲解，教师的讲课特点不同，风格各异。在现代信息技术融入高等教育领域之后，课程教学对信息技术手段的依赖度越来越高，现代信息技术在

英语课程教学中应用"泛化"的现象越来越明显。"在信息技术所创造的正式与非正式教学情境中，信息具有杂乱、繁多与流动特征，而且不容否认的是，人对信息的撷取虽然不能说完全有趋易避难、去繁就简的取向，但杂多与凌乱无疑会分散学生的注意力。更何况，即便是有组织与有条理的信息（如与教学内容相关的电子材料），就其实质而言，也与印刷材料并无区别，信息技术仅仅创造了材料取用灵活便利的条件，但未必会引起学生学习过程与结果的新变化。"[1]

很多教师没有很好地把握现代信息技术手段与英语课程教学目标的关系，为了使用信息技术而使用信息技术，将重点放在如何更好地使用信息技术手段上，在一定程度上弱化了课程教学目标。在备课的过程中，有的教师过分重视信息化教学，将重心放在怎样运用信息技术上，过多关注的是"怎么教"的问题，忽视了"为什么教"这一问题。在课堂上，教师过度使用信息技术手段会造成教与学两方面对于信息化手段的依赖。从教师层面来看，很多教师对于信息化教学产生路径依赖，一旦脱离了信息化教学手段进行授课，往往不容易把握课堂授课的重点难点。从学生层面来看，学生从各种移动终端获取信息资源的便捷性大幅度提高，缺乏整体性和系统性的碎片化学习时间大大增加，这在一定程度上不利于系统的理论知识的学习。

（二）信息化教学形式与教学内容融合不够

现代信息技术在高等教育领域的广泛应用对教育教学改革产生了深刻的影响，与传统的教学手段相比，信息化教学手段在个性化教学等方面具有自身独特的优势。但目前很多教师开展信息化教学并没有抓住二者融合的结合点，过度重视信息化教学形式，忽视了课程教学内容，信息化教学形式没有很好地服务于教学内容，信息化教学形式和课程教学内容融合度不高。

"不论是何种表现形式，教学内容才是根本，如果线上教学内容与线下教学内容严重割裂（如将线下教学内容简单搬到线上，线下教学内容与线上教

---

[1] 阎光才.信息技术革命与教育教学变革：反思与展望[J].华东师范大学学报(教育科学版),2021(7):6.

学内容相互交叉，将线下表现效果更好的内容勉强搬到线上等），都是难以满足高质量教学和学习的需要。"[①] 课程教学内容与信息化教学形式两者辩证统一、相辅相成，信息化教学形式务于课程教学内容，课程教学内容应用于信息化教学形式。信息化教学形式作为一种新的教学形式，要始终以服务课程主要内容为宗旨，在信息化教学的过程中，要注意防止形式大于内容，出现本末倒置的现象。哪些教学内容通过线上呈现，哪些要在线下完成，应是依据学生的学习基础、能力、兴趣、短期目标和长远发展，以及教学内容本身的特点一体化建构，实现线上教学内容与线下教学内容的整体融通。

（三）英语教师的信息素养有待进一步提高

现代信息技术的迅速发展，要求高校积极顺应信息技术的发展潮流，不断提升教师信息化素养，推进现代信息技术与教育教学的深度融合。经过多年探索实践，高校英语教师已具备一定的信息技术素养基础，但信息化教学创新能力还不足，信息技术与英语教学深度融合的能力还有待加强。当前高校教师信息化素养提升面临着以下几方面的困境：一是教师信息化意识不够；二是教师信息化素养水平参差不齐；三是教师信息化技术支持途径缺乏；四是高校信息化教学环境不足[②]。

高校英语教师的信息化素养已经成为课程教学的基本要求，应当进一步明确教育教学改革目标任务，具备线上线下混合式教学能力，融优质线上教学资源、课堂教学和课后反馈于一体，提高课程"两性一度"，培养学生的高阶思维能力。教师还应当利用慕课、微课、SPOC课等课程资源创新教学形式，利用网上优质教育资源拓展教学内容，建设一流课程，推动学生主动学习、自主学习，满足学生个性化学习需求。

---

① 朱德全，罗开文."双线融合教学"：高等教育未来教学的新形态[J]. 现代教育管理，2022(2):5.
② 俞福丽. 混合式教学模式下高校教师信息化素养提升路径研究[J]. 中国大学教学，2021(3):86-87.

(四)混合式教学给教学管理带来挑战

随着慕课、微课的迅速发展,数字化教学资源和开放教育资源在高校教学资源中的比例逐渐增大。利用丰富的数字资源开展混合式教学,成为高校主流的教学模式。"在教学实践中,信息技术与教学的关系常被混淆,以技术的逻辑嵌入教学,教育立场明显匮乏,习惯从功能的角度评判教学技术产品的优劣,却很少从教学规律的角度审视技术的使用、更替,否定了教学的稳定性和系统性。"[①] 中国高校教学信息化还属于发展期,从学校领导、教师到学生对于混合式教学的认识还有待提升,混合式教学对于高校教学管理也带来了不同程度的挑战。例如,是否允许教师使用别的学校教师的教学视频,如何计算翻转课堂教学模式的工作量,如何为教师开发数字化教学资源提供支持等等,都需要高校制定相关的配套政策。特别是现有的学习管理系统虽然教学管理已相对比较成熟,但是对学生的学习支持能力还非常有限,比如在支持合作参与、探究方面明显不足。此外,高校信息化建设在为学生提供集成化规划和发展就业方面的指导服务,以及预警服务等方面还存在不足。

(五)学习空间规划和建设力度不足

随着现代信息技术在高校英语教学中的广泛应用,传统的教室、自习室、实验室以及新兴的创客空间等物理空间,已不再是单纯的知识展示场所,而是转变为鼓励探究、促进知识建构的多元化平台。在新的学习空间中,无线网络、移动可组合的桌椅、环教室投影幕、充足电源插座、3D扫描、打印、示波器、无线投影机等成为学习设备的标配。学习空间的变化,不仅体现在物理布局和设施的升级上,更体现在教育理念的更新和教学模式的革新上。新的学习空间的建设,标志着教育从单纯的知识传授向课程参与者共同建构知识方向的转变。在这个过程中,学生不再是被动接受知识的容器,而是成了知识的发现者、探索者和创造者。教师也从传统的知识传授者转变为学生学习过程的引导者和支持者。

---

① 于翠翠. 信息化教学变革的技术向度与本体进路[J]. 中国教育科学,2021(5):110.

目前，全球高校已经形成了诸多成功的学习空间建设案例。这些案例不仅展示了新的学习空间建设的理念和模式，也为其他高校提供了宝贵的借鉴和参考。国内高校也已经有一些学习空间实践的尝试。然而，这些实践探索在整体系统化、集成度方面还有待提升。

第二节 基于网络教学平台的英语混合式教学改革

混合式教学是指基于信息化教学平台和线上课程资源，结合高校教育教学工作实际，创新课程教学方法，实施学生线上自主学习和教师线下互动面授相结合的教学方式，形成线上有资源、线下有活动、过程有评估的混合式教学模式。目前线上线下混合式教学已经成为高校的主要教学模式，但是面对混合式教学个性化、智能化、泛在化挑战，部分教师和大学生在教学实践中表现出信息化素养不高、教学平台应用不熟练、教学设计不足等弱点。当前超星学习通、雨课堂等教学平台在高校课程教学中广泛应用，如何以学生的学为中心，充分发挥教师主导作用，开展基于网络教学平台的混合式教学改革，成为高校英语教学提质增效的重要课题。

一、混合式教学设计

长期以来，受传统的教师主体教学模式的影响，灌输式教学长期主导高校课堂，学生学习的主动性未能有效调动，参与学习的覆盖面不够，学习的创造力受到限制，影响了教育教学质量和人才培养质量。随着现代信息技术在高校教育教学中的广泛应用，英语课程教学的某些环节，如课程资源发布、课后讨论、作业提交等，可以通过网络教学平台实现，但总体而言，英语课程教学仍没有突破以教师为主体的教学模式的束缚，学生的学习积极性受到抑制，学习效果不够理想。

教学设计是一个系统规划教学的过程[①]，是运用系统的方法，对学习者分析、教学目标、教学内容、教学方法、教学策略和教学评价等环节进行规划的过程。"如何进行混合式教学设计，使面对面和在线学习无缝对接，让学生参与深层而有意义的学习，这是混合式教学设计首先要面临的挑战。"[②]高校混合式教学设计的出发点和落脚点，应以学生的学习活动为中心组织英语课程教学，实现课程教学向"以学为中心"转变，调动学生的学习潜力，发挥学习积极性，促进英语课程教学提质增效。目前超星学习通、雨课堂等已经发展为面向智能手机、平板电脑等移动终端的课程学习、知识传播与管理分享平台，具有课程学习内容发布、在线协作与互动、协同知识共建、学习跟踪统计等功能。教师应熟练掌握网络教学平台使用，借助平台统计、资料、通知、作业、考试、分组任务、讨论、管理等各功能模块，实现"以学生的学为中心"的教学设计，从而有效开展混合式教学。

一是对混合式教学进行整体设计。高校应以系（教研室）为单位，组织教师进行集体备课，厘清英语课程的重点难点。结合网络学习平台的功能，对于课程现有教学设计进行系统总结与反思，从课程教学目标、教学进度、重点难点、教学资料，以及学生的学习兴趣、能力基础等方面，进行系统梳理与整体规划，重新制定基于网络学习平台的混合式教学课程设计。

二是以专题为单位对课程教学内容进行详细设计。当前许多英语基础课和专业课都制作有配套的教学课件，相对成熟的课件对于教师教学提供了极大的便利，但教师不能对照课件照本宣科，而是需要对课程教学内容进行详细设计。高校应组织教师，进行集体备课、集体撰写教案，进一步丰富教学资源库，为学生提供专业文献、教学视频等更加丰富的学习资源，方便学生自主学习。教师应加深对课程教学目标的认识与理解，并在此基础上，集体

[①] （美）R·M·加涅,W·W·韦杰,K·C·戈勒斯,等.教学设计原理[M].王小明,庞维国,陈保华,等.译.上海:华东师范大学出版社,2007:164.
[②] 曹海艳,孙跃东,罗尧成,等."以学生为中心"的高校混合式教学课程学习设计思考[J].高等工程教育研究,2021(1):187.

123

讨论确定各专题的学习目标、重点与难点内容等，对于学生学习过程进行详细设计。

三是借助网络学习平台对课程教学进行过程评价。过程评价的目的是有针对性的改进教学，帮助学生达成课程目标。基于学生学习全过程，通过在学习通平台布置作业、安排测试、组织分组讨论等方式，及时测验学生对于基本理论、基本知识的掌握程度。通过课前线上学习、课中参与学习、课后学习反馈三个环节了解学生学习情况，借助学习通平台的统计功能，对于学生的学习状态进行实时监测，对学生学习情况进行形成性评价，了解学生学习过程中的体验和感受，帮助教师有针对性地改进教学。

二、混合式教学基本规程

"课堂是学校教育的主阵地，不进入课堂主阵地发挥不可替代的关键作用的数字化转型是没有意义的。数字技术改变课堂的关键在于改变课堂教学结构，即教师、学生、媒体、教材四个核心要素的作用关系，要将信息技术作为学生自主学习的认知工具与情感激励工具，变革以'教'为中心的教学结构，创建新型的既发挥教师主导作用又充分体现学生主体作用的'主导—主体'教学结构，在此前提下实现课堂教学内容、手段、方法的整体改革，从而达到培养创新人才的目的。"[1] 线上教学和线下教学都是教育教学的重要环节。线下教学是线上教学的重要基础，要发挥好线上教学的作用必须先建立牢固的线下教学基础。针对当代学生学习的心理特点和个性化发展需求，高校英语教师要改变原有的那种枯燥、机械的授课方式，善于运用具体鲜活的事例对相关的理论知识进行分析、讲解，充分调动学生主动参与课程学习的积极性。教师应根据学生的真实需求选择合适的授课方法，例如情景教学法、讨论教学法等，加强与学生的情感交流，让学生自觉产生对课程学习的积极性，帮助学生加强相关理论知识的理解与应用。在确保线下教学质量的基础上，还要大力推进线上教学，优化线上教育教学模式。教师要在有效整合线

---

[1] 余胜泉.教育数字化转型的关键路径[J].华东师范大学学报(教育科学版),2023(3):69.

上教学资源的同时，高效运用网络教学资源，激发学生自己探究的能动性，提高课堂教学的有效性，从而更好地实现课程目标。

（一）学习准备阶段

改变以教材、教师、教室为中心的教学理念，以学生发展、学生学习、学习效果为中心，引导学生初步感知相关知识和背景材料，促进基本知识、理论的内化，培养学生自主学习能力和主动提出问题、分析问题的能力。教师应发挥学习主导作用，借助网络学习平台提前为学生学习提供必要的课件、资料、视频等，帮助学生提前了解专题学习的主要内容和学习任务；明确专题学习目标、重点和难点内容，督促学生提前自学课件、视频，提前准备课堂讨论的问题，并对于随堂测试、作业等作出明确规定；充分利用教学平台建设课程资源，激发学生自主学习的主体性和能动性。

（二）课程授课阶段

进一步强化学生对基础知识和基本理论的学习和理解，提高学生分析问题和解决问题的能力。根据高校英语教学目标和教学内容选择适当的教学方法，增强教学的互动性。借助网络学习平台的互动性和参与性功能，解决学生课堂参与和师生互动不足问题，实现教师主导性和学生主体性的统一。通过师生互动、生生互动、分组讨论等，锻炼学生的高阶思维能力。

在课程授课阶段，教师首先利用网络教学平台签到，督促学生养成认真学习的好习惯。其次，在教师主导下，检查学生自学的内容，针对学生学习过程中遇到的疑难问题，教师进行解答。教师可以通过投票、选人、问卷、抢答等功能，调动学生主动参与课堂互动。再次，根据课前布置的讨论题目，安排学生进行小组讨论，讨论的内容可发布至网络教学平台，方便学生阅读。按照顺序组织小组汇报交流，鼓励学生对小组汇报的内容进行讨论，对于讨论遇到的问题，由教师及时进行解，帮助学生加深对基本理论、基本知识的掌握。然后是随堂测试和布置课后作业。随堂测试和课后作业由教师提前在网络教学平台发布，学生在课堂上完成随堂测试，加深对所学知识的理解，检验学生学习情况。

（三）课后巩固阶段

培养学生主动学习、积极思考和解决问题的能力。结合教学内容督促学生完成线下作业，引导学生对课堂学习、讨论、作业等进行个人反思，启发学生进行探究式学习。完成专题学习后，教师提前在网络教学平台布置课后作业，督促学生在规定时间内完成，帮助学生进一步巩固专题学习内容。某几个专题学习完成后，教师可以在网络教学平台布置单元测试，规定测试时间、分值，学生在规定时间内完成，帮助学生复习巩固。此外，教师还可以在网络教学平台定期布置讨论题，每位同学都对讨论题作出自己的回答，并发布至网络教学平台。围绕同一问题，通过向学生呈现不同的回答，激发学生思考，引导学生进行理性思考。

三、混合式学习方式

基于网络学习平台开展英语混合式教学，要求教师秉持"以学生为中心"的教育理念，课程学习目标、学习内容、学习活动、学习评价都应当满足学生的学习需求，鼓励学生主动参与学习，激发学生学习的积极性和主动性，构建良好的学习环境和学习氛围。积极推动课程教学方法改革，基于现代信息技术，营造生动、活泼、开放的学习环境，实现现代信息技术与英语课程教育教学深度融合。解决教学过程中容易出现的多媒体课件使用单一化、信息传递速度与学生思维不同步、教师教学过程边缘化等问题，避免把传统的"人灌"简单地变成"机灌"，提倡根据课程、教学内容、教师及学生的不同特点选择使用具体的教学手段，既不应一味地依赖现代教学手段而全盘否定传统教学手段，也不应固守传统教学手段而排斥现代教学手段的使用。坚持因人、因时、因材施教，实行讨论式、案例式、研究式等丰富多样的教学方式、方法，逐步解决课程教学知识灌输多，能力、道德情感、理想信念等涉及少等问题。

（一）接受式学习

接受式学习是高校英语传统教学模式中最常见的一种学习方式。在混合式教学模式下，接受式学习与单纯的教师灌输式教学有着不同的含义。在混合式教学中组织开展接受式学习，教师的讲解、引导、启发学生反思非常重要，通常包括呈现新知、启发思考、自主反思、总结提高等环节。在呈现新知环节，由教师通过网络学习平台向学生提供新知识，主要包括授课课件、视频、参考资料等，方便学生线上学习或下载。教师讲课视频也可以作为课程资源在教学平台上呈现，方便学生学习。在启发思考环节，由教师根据新知中的重点，通过提出思考问题的方式促进学生深层次的学习，在学生思考前或思考过程中给学生一定程度的启示，激发学生思考的积极性，启发学生思路。在自主反思环节，学生在课下结合教师的思考题目，联系已有知识与经验，自主反思，并将反思结果提交到网络学习平台，深化师生、生生交流与思想碰撞，激发学生思考。在总结提高环节，学生分享反思与交流之后，教师根据学生反思的成果进行点评，并对已有反思与交流进行总结。

（二）自主式学习

自主式学习指教师为学生提供学习材料和学习任务，学生根据已有材料和任务要求，自主完成学习。自主式学习比较适合层次较低的教学目标，通常适用于课程各环节中学习难度不高、较为简单学习内容，主要包括明确主题、自主探索、分享交流、总结提高等环节。学生在该学习中有更大的自由度和控制权，能够自定步调，自己安排学习顺序等，教师则主要扮演学习的支持者和促进者角色。在明确主题环节，教师帮助学生明确要学习的主题，相关学习内容与学习目标，让学生明确学习的目的，激发学生的学习动机，简单介绍所提供的相关学习资料与学习背景，引导学生进入学习情境。在自主探索环节，教师为学生提供学习的材料和学习的任务、工具，学生根据教师提供的材料完成对学习材料的分析。在分享交流环节，学生将自主学习的成果和心得进行分享。在总结提高环节，教师根据学生自主学习的成果进行点评。

（三）探究式学习

"探究式学习较之于接受型学习，其学习内容往往具有不确定性，学习目的并不在于简单地掌握某一项新知识点，更侧重于探究问题以及创新意识和能力，从而激发学生自主学习的根源，培养勤于思考、敢于质疑、勇于创新的意识和能力。"[1] 探究性学习适合较高层的学习目标，如分析、综合等高阶思维能力的培养。探究式学习包括创设情境、启发思考、自主探究、成果分享、总结与提高等环节。在创设情境环节，教师为学生创设一个问题情境，将学生引入到问题情境中，激发学生探究的动机，在这个环节教师还需要给学生提出探究任务的要求，分享探究的方法和技巧。在启发思考环节，教师为学生讲解探究任务的要点以及重难点，学生可以提出关于任务的问题，教师需要及时解决。在自主探究环节，如果是小组探究，那么小组在这一段需要完成对任务完成方法的协商、组内分工、然后查找资源，对资源进行分析、加工，经过小组讨论等，最终形成结论；如果是个体探究，那么学生个体根据任务的要求查找资源，对资源进行分析、加工，形成结论。在成果分享环节，教师组织小组内部、小组之间或全班的探究成果汇报交流活动。在总结与提高环节，教师点评学生的汇报交流，学生根据老师的点评总结探究过程中的问题和经验。

（四）情景式学习

随着虚拟仿真技术在教育教学中的广泛应用，情景式学习也成为高校英语课程学习的一种方式。"由多种复杂技术组成的沉浸式技术，其构建的沉浸式学习环境，不仅可以让学生完全沉浸在一个接近现实的虚拟环境中，还能通过与虚拟学习内容和角色等进行实时互动，产生展现自身知识、技能、情感、态度、价值观、核心素养等表现的过程性数据。"[2] 与其他学习方式不同，情景式学习可以为学生提供类似于真实场景的沉浸式体验，从而更加容易激

---

[1] 岳慧兰. 知识接受型学习向探究式学习转变路径[J]. 中国高等教育，2020(20):47.
[2] 龚鑫,许洁,乔爱玲. 基于沉浸式学习环境的隐形性评估：机理、框架与应用[J]. 电化教育研究，2023(12):64.

发学生的学习积极性，培养学生应用、分析、综合等各方面的能力。

充分发挥虚拟伪真体验教学沉浸性强、交互性好的特点，实现教学由"教师为中心"向教师和学生为"双主体"教学模式的转变，推进和深化信息技术时代教学模式的改革创新，切实提升高校英语课程虚拟伪真情景教学"入脑""入心"的效果。情景式学习主要包括明确任务、情景体验、成果分享、总结提高等环节。在明确任务环节，指导教师精心进行课堂设计，配合专题教学的具体要求，充分调动学生参与的积极性主动性，及时解决学生学习中的疑惑，达成课程专题教学的根本目标。教师提前在网络学习平台上传学习任务与相关资料，向学生明确学习任务，并指明学生需要关注的关键问题。在情景体验环节，由教师带领学生在虚拟仿真实验室中完成，教师介绍本次情景式教学的学习目标、学习环节、学习资源等情况，指导学生选取要进行体验的视频资源进行学习。在成果分享环节，教师结合专题教学内容中与本次情景式学习相关联的课程内容进行讲解，同时就观看的视频片段与学生进行交流、讨论，回答学生提出的问题，巩固、深化专题教学效果；学生小组进行成果汇报与交流。在总结提高环节，根据学生情景式学习内容，提出反思问题，帮助学生对相关知识进行反思，总结经验，促进学生能力培养。

四、混合式教学形成性评价

课程评价是课程教学活动的"指挥棒"，是教学质量提升的"助推器"。目前我国高校英语课程教学主要实行终结性评价，很难实现对学生学习过程的动态跟踪和问题诊断，不利于持续改进教学、促进学生发展。教育部提出，在进行终结性评价的同时日益推行形成性评价，在规范外在评价标准的同时增加内在的自我评价，建立多元评价机制[1]。

网络学习平台为学生提供了课件、视频、拓展资源、作业等课程内容和课程资源，借助网络学习平台，可以实现高校英语课程学习过程监控和形成性

---

[1] 教育部课题组.深入学习习近平关于教育的重要论述[M].北京:人民出版社,2019: 210-211.

评价。学生在课件和视频学习、签到、课堂互动（如投票、选人、问卷、抢答、随堂讨论、随堂练习等）、单元讨论、作业、考试等模块的学习，均可由网络学习平台计算出学生对各版块的学习情况、访问平台的日期分布、学习进度等，实现各版块内容学习情况的实时统计，可以很直观地观察到学生学习参与的过程和效果，网络教学平台数据对于教师了解学生学习态度、情感投入、采用的学习方法和过程都非常有帮助。根据学生学习的行为数据，对其学习进行跟踪监控，从而对学生的整个学习过程进行形成性评价，以提供个性化的学习指导和帮助。

通过形成性评价，加强教师对英语课程学习的过程控制，保证并提高课程教学质量。首先，学生课程活动参与度高，随堂签到保证课程教学一直保持良好的课堂出勤情况。其次，学生积极应用网络学习平台进行学习，参与在线活动的积极性很高，尤其是小组讨论、作业、测试，能够吸引学生积极参与。再次，在授课过程中，教师经常抛出问题让学生思考，并鼓励学生主动发表自己的观点，并鼓励学生对其他同学的观点进行评价。在这个过程中，教师会根据学生的发言，引导学生进行深入的思考，保证了课程教学过程中师生互动频繁、课堂气氛活跃。特别是混合式教学可以突破课堂教学时间与空间的限制，为教师和学生提供了很好的在线交流和互动的机会。除了师生互动，学生间的同伴互动和小组互动也很活跃，网络学习平台为学生提供了互相交流和沟通的空间，学生可以充分进行互动。

促进信息技术与教育教学深度融合，以信息化手段服务教育教学全过程，是高等教育现代化主要的发展方向。随着线上线下混合式教学成为高校教育教学最主要的模式，如何推进现代信息技术与高校英语课程教学深度融合、实现教学模式创新成为高校英语教学提质增效的重要课题。充分发挥网络教学平台功能，以学习活动为主线设计课程活动、组织课程学习资源，能够将教学设计的重心从对教的设计转向对学的设计，为学生的混合式学习提供更加清晰、详细的路径支持。基于"以学为中心"的教育理论，结合高校教育教学需求与网络教学平台功能，实行接受式学习、自主式学习、探究式学习、情景式学习等多种学习方式，促进网络教学平台与课程教学的深度整合。通过多种教学方式的应用，提高学生线上线下学习参与度，密切师生互动，充分调动学生学习主体性和积极性，进一步提升教育教学质量。

第三节　信息技术与高校英语教学深度融合的改进策略

以人工智能、虚拟现实等新兴技术为代表的现代信息技术在教学领域的应用不断深入，促使课程教学的信息化程度不断加深，并引发教学模式的深刻变革。高校英语教学模式的发展变化涉及教学理念的转变、教学过程的重构、评价标准的变化和教学管理方式的改变等方面，是一个复杂的有机整体，包括诸多教学环节。促进高校英语混合式教学改革，要求教师、学生、管理人员更新教育理念，改进教育教学各个关键环节，推进混合式教学提质增效。

一、优化混合式教学环境

推动现代信息技术和教育教学深度融合，离不开高校营造混合式教学环境。在思想认识上，高校是不是将教学视为中心工作、放在头等重要的位置、大力推进混合式教学，将极大影响教师对于混合式教学的重视程度。在制度建设上，高校是不是建立健全了相关管理制度，特别是在教师晋升、考核、评价中对于教师教学业绩的规定，将直接影响教师混合式教学的主动性和积极性。在条件保障上，是不是为混合式教学提供了必要的经费支持、软硬件条件保障等，直接决定混合式教学效果和质量。

混合式教学离不开智慧教学环境。"广义上，智慧教学环境是指具体实在的物理空间，数字设备、智能算法衍生的虚拟空间，各类关系与互动构成的社会关系空间及关注思想、价值、理念的精神空间集于一体的四维环境。狭义上，智慧教学环境就是在传统教学环境的基础上，增加了新一代信息技术支撑的现实及虚拟教学环境这一维度。"[1]打造智慧教学环境，要求高校通过教

---

[1] 陈浪城,胡素香,林烈青,等.智慧教学环境赋能数字化转型：现实诉求、实践困境及路径选择[J].高教探索,2023(6):41.

务管理系统、教学资源网站、网络教学平台等，加强教学平台硬件建设，为师生提供高质量网络教学服务。

教务管理系统是网络教学平台的数据源，为网络教学提供教学数据。目前全国高校为了提高教学管理水平，配备了正方、强智、青鸟等教务管理系统，用于收集、管理教务运行的相关数据，如学生信息、教师信息、教学计划、学生选课、课表、成绩等教学核心数据。

网络教学平台作为教学基本资源与教学过程的管理平台，成为线上教学活动的主要组成部分。当前高校英语混合式教学依托的网络平台主要有超星学习通、雨课堂、腾讯会议、腾讯课堂等，这些网络教学平台可以实现在线的交互式教学活动与教学过程管理。随着现代信息技术的进步，网络教学平台建设取得了巨大进步，平台界面日益优化，功能更加丰富。同时，由于网络自身的特点，网络教学平台又易在以下几个方面出现问题，关系网络信息安全问题。一是计算机病毒问题，黑客的网络攻击会对网络教学平台运行造成一定的风险，如网页内容被篡改、数据失真等问题；二是硬件设备问题，计算机等受到病毒攻击，可能造成硬件损坏，从而导致硬盘数据等丢失；三是软件系统、数据库、局域网等受到攻击，导致运行不畅等问题。

网络教学资源可以是学校、学院立项建设的教育教学资源，也可以是国家高等教育智慧教育平台引进的优质课程资源。网络资源要保证其思想性、科学性和导向性，确保不涉及国家安全、国家机密及其他不适合网络公开的内容，知识产权明晰，内容丰富，覆盖所有学生。教师应及时将网络教育资源，如课件、视频、影像等推送给学生，定期发布讨论话题，对学生提出的问题及时进行解答，引导师生之间、学生之间互动讨论与学习。

二、加强混合式教学制度建设

"创新制度机制可能是信息化教学变革的关键变量。"[1] 做好混合式教学的关键是处理好传统课堂教学手段与现代教学手段之间的关系。高校加强教学

---

[1] 于翠翠.信息化教学变革的技术向度与本体进路[J].中国教育科学,2021(5):113.

制度建设，就是要从课堂教学和线上教学两个方面，明确各教学环节的质量要求，健全质量标准，完善教学基本规范，提升教育教学质量。通过健全教学管理制度，为混合式一流课程建设提供依据与遵循；通过完善教学基本规范，促使教师提高信息化素养，提升混合式教学能力，融优质线上教学资源、课堂教学和课后反馈于一体，提高课程"两性一度"，实现教师主导和学生主体的有效教学，推动教学提质增效。

（一）混合式教学改革与建设制度

高校要重视、鼓励、支持高校英语教师教学改革，营造重视教学的氛围，提高教师和学生对数字智能化时代课堂教学改革重要性的认识。教师要充分认识课堂教学质量决定着高校的人才培养质量，关涉高校的生存与发展；充分认识到投身教学、改进教学和有效教学是教师的首要学术责任；充分认识到在全校形成教学神圣、教学重要的氛围，使高校成为重视教学的共同体。

近年来，全国高校积极申报国家级、省级一流课程，客观上对于推动混合式教学改革发挥了重要的导向作用。高校应以党和国家的系列文件作为混合式教学改革与建设制度建设的政策依据，以国家线上线下混合式一流课程建设要求作为混合式教学改革与建设制度的基本内容，加强混合式教学制度建设，如高校课程建设规划、混合式教学管理办法、混合式教学资源管理办法、混合式教学课程建设基本细则、混合式教学优秀课程评审细则、混合式教学课程建设规范等。2019年，教育部出台《关于一流本科课程建设的实施意见》，对于课程目标、课程建设及应用情况、课程特色与创新、课程建设计划、教学设计、课程教案、学生评教结果统计等内容作出规定，对于混合式教学改革与建设提供了基本框架。

（二）混合式教学运行制度

教学运行制度建设重点解决进一步完善混合式教学基本规范问题。高校应进一步健全混合式教学运行规章制度，如混合式教学各环节质量标准、混合式教学基本规范、混合式教学课程考试管理规定等，促进混合式教学提质增效。

在课前环节,教师应引导学生初步感知相关知识和背景材料,促进基本知识、理论的内化,培养学生自主学习能力和主动提出问题、分析问题的能力。改变以教材、教师、教室为中心的教学理念,以学生发展、学生学习、学习效果为中心,不断改进教学方法。明确学习目标,充分利用教学平台建设课程资源,激发学生自主学习的主体性和能动性。在课中环节,教师应进一步强化学生对基础知识和基本理论的学习和理解,提高学生分析问题和解决问题的能力。根据教学目标和教学内容选择适当的教学方法,如翻转课堂、讨论法、情景教学法等,增强教学的互动性。借助学习通、雨课堂等软件的互动性和参与性功能,解决学生课堂参与和师生互动不足问题,实现教师主导性和学生主体性的统一。通过师生互动、生生互动、分组讨论等,锻炼学生的高阶思维能力。在课后环节,教师应培养学生主动学习、积极思考和解决问题的能力。结合教学内容督促学生完成线下作业,引导学生对课堂学习、讨论、作业等进行个人反思,启发学生进行探究式学习。通过课前线上学习、课中参与学习、课后学习反馈三个环节及时了解学生学习情况,并进行过程性评价。

(三)混合式教学管理制度

高校应加强课程建设规划、教学管理办法、课程建设规范等制度建设,在教学质量评价、质量工程评审、教学工作量考核等教学管理工作中对混合式教学予以政策支持、有效引导、监督管理,采取各种措施促进混合式教学。立足高校英语课程过程质量管理,建立健全教学检查制度、集体备课制度、听课制度、教学质量监控制度、新教师试讲制度、学生意见反馈制度、考勤制度、考试巡视制度、教学设备使用与管理制度、教学档案管理制度等,并根据发展建设需要及时进行修订。采取措施保证各项规章制度的认真执行,规范线上线下教学秩序,保证课程教育教学质量稳步提升。

健全质量监控制度,修订质量评价指标体系,促进标准引导,促进教师之间形成相互促进的教学共同体。制定混合式教学质量评价指标体系,应以课程目标为导向，推动混合式教学进行反向设计，即进行线上和线下部分教学设计的立足点是实现学生知识目标、能力目标和素质目标，课程设计围绕三维目标，让学生线上线下行动起来，严格课程教学管理，提高教学效果。

通过健全教学管理制度，全面提升混合式教学效果。教师应坚持立德树人，以学生为中心，热爱关心学生，加强学习指导；具有强烈的责任心、使命感和敬业精神，全身心投入教育教学工作。从教学规范来看，课堂教学应严格执行课程教学大纲、本科教学基本规范和授课计划；教学目标清晰、定位准确、表述规范；教师根据教学大纲要求和教材内容，认真备课，充分准备。从教学内容来看，确保教学内容正确，具有时效性、前瞻性，无科学错误、政治性错误，无错误导向；知识内容范围完整，知识体系结构合理；逻辑结构清晰，层次性强。从教学方法来看，注重发挥教师主导、学生主体作用，注重培养学生发现、分析、解决问题的能力。从教学效果来看，应做到学生课堂学习满意度高、自我感觉收获大，课程考核成绩总体优良。

（四）混合式教学激励制度

促进高校英语教学改革，提高教育教学质量，除了要营造重视教学氛围、提高对课堂教学的认识外，还要在教师晋升、考核、评价、评优、奖惩等工作中建立教学激励制度，鼓励教师进行混合式教学改革。高校要特别重视建立激励教学的制度，彻底改变晋升、考核、评价、评优、奖惩中重科研、轻教学因而导致教师缺乏教学积极性，不愿意投入时间和精力改进教学的问题。在教师晋升中，对专心于教学、致力于教学改革、教学效果好、学生满意的教师给予倾斜政策，降低科研等其他条件，得到优先晋升。在评优、奖惩中要切实把教师的教学态度、教学投入、教学效果和学生满意度列为重要标准，对教学负责任、专心于教学、致力于教学改革、教学效果好、学生满意的教师，要评为优秀，给予奖励，使其教学投入得到肯定、承认和鼓励、支持，而对教学责任感低、教学不投入、教学效果差、学生不满意的教师，要毫不留情地教育、批评，追究其责任，给予必要的惩罚。

（五）混合式教学培训制度

"现代信息技术的应用也暗藏风险，诸如弱化教学对象的发展与权益，导致其元认知能力降格、教学主体交互疏离；忽视教学知识、教学价值与现实生活，使得教学及其内在价值与生活意义不彰；阻碍教学队伍的创新思维，使其沦为教学内容的'搬运工'、信息技术支配下的'依赖者'与'无思者'；诱致学生课堂自制力削弱、教师话语力相对式微，从而消解教学实效与身份认同等。"[①]为了规避现代信息技术应用中存在的风险，需要建立混合式教学培训制度，面向高校英语教师，全面开展混合式教学培训。校级培训一方面面向新入职的教师，重点培训混合式教学的基本规程；另一方面面向中青年教师，注重教学应用，培训教学活动的组织以及课程工具的使用方法和技巧等。围绕教师混合式教学培训，高校应进一步健全青年教师助课制度、教学名师培养制度、青年教师教学拔尖人才培养制度、优秀教学团队建设制度等。学院培训重点面向英语专业教师进行培训，着力提高教师的理论水平，丰富教学内容，提高教学能力。在此基础上，根据一流课程建设、信息化教学手段等组织专题培训，在全体教师中营造浓厚的混合式教学氛围。

目前教育部、各省（市、自治区）、行业学会等每年都组织青年教师讲课比赛、青年教师教学创新大赛等，对于促进教师提升混合式教学能力提供了优质平台。高校应当以各级各类教学比赛为契机，组织教师广泛参与，并组织教师团队帮助青年教师提升教学水平。每年定期组织召开混合式教学经验交流会，邀请在讲课比赛中获奖的教师做经验介绍、举办专题讲座，帮助青年教师提升教学水平。高校应围绕教师讲课比赛，进一步完善青年教师讲课比赛制度、讲课比赛激励制度等，充分发挥政策激励作用。

三、发挥教师主导和学生主体作用

课程教学的本质是学生在教师组织和指导下完成的、以实现学生进步与

---

① 肖银洁,吕宏山.教育数字化赋能高校教学新形态的风险审视与纾解路向[J].大学教育科学,2023(2):24.

发展为目的的学习活动,高校英语混合式教学需要教师和学生双方的投入与合作。一方面,教师在混合式教学中发挥着主导作用,学生学习离不开教师的引导;另一方面,学生是学习的主体,学生主动学习是实现混合式教学的重要条件。充分发挥教师主导作用和学生主体作用,才能实现预期学习目标,不断提高混合式教学质量。

（一）充分发挥教师主导作用

"教师信息化教学能力的发展与提升一直是教育信息化的'最后一公里',是信息技术与教育教学能否深度融合的关键。教师信息化教学能力是指教师运用信息技术手段（如学科工具）或在信息化教学环境下（如在线环境）为了实现教学目标而必须具备的教学开发、设计、实施、管理、诊断、评价、研究等能力,其中信息化教学设计与实施能力处于核心地位。"[①]提升混合式教学质量的关键在教师,高校应当发挥学科和专业优势,以国家级和省级线上一流课程、线上线下混合式一流课程等建设项目为抓手,加大经费投入、完善制度保障,大力支持教师开展高校英语混合式教学改革。

提升混合式教学质量,教师应当更新教育教学理念。教学理念是教师对教学要追求什么样的理想目标和为什么要追求这样的目标的认识。教师应当提高对于混合式教学的认识,把握混合式教学的内涵,了解影响混合式教学质量的因素,明晰混合式教学质量的评判标准。教师应当提高对于为什么要进行混合式教学的认识,了解混合式教学与提高教学质量的关系、与学生成长成才的关系、与高等教育未来发展的关系。教师应当提高对怎样开展混合式教学的认识,端正教学态度,精选和优化教学内容,掌握混合式教学方法,进行有序的教学组织和安排,并取得理想的教学结果。总而言之,"教学目标方面,旨在帮助学生生成知识、获得能力、掌握方法,并使师生德性完满、人格健康;在教学内容方面,不再囿于现成的教材和教参,而是充分利用和优化各种教学资源,重视知识与生产生活的联系;在教学方式方面主张把有

---

① 徐章韬.教师信息化教学能力的政策内容、演进逻辑及可能走向[J].现代教育技术,2021(5):44.

意义的接受式学习和自主、合作、参与、探究等学习方式结合起来，倡导启发诱导、自我建构；在教学评价方面，主张用多元的评价方式激励学生的进步，倡导过程性评价和终结性评价相结合"[①]。

教师应增强教学责任意识，加大混合式教学投入。作为英语教师，首要的责任是改进教学，立德树人。教师责任意识是教师对于做好教育教学工作的认知和省察，是教师重视教学、努力实施、研究和反思教学的前提，教师要增强教学责任意识。教好学生、对学生负责是教师的本职工作和首要责任，教学工作是教师履行责任的根本所在。教师要充分认识到教育教学工作的重要性，始终把学生利益放在首位，将教学作为自己的首要工作，认真对待教学，不断进行教学改革和创新。教学投入是教师对于教学工作倾注感情、集中力量和一以贯之的全身心投入。在教学工作中，教师要始终热爱学生，对于教学工作保持激情，对于教学工作全身心投入，不断投入时间和精力学习、探索、反思和研究混合式教学，有效地引导、推动、帮助学生学习，提高混合式教学质量。

教师应丰富教育知识，筑牢混合式教学基础。一是学科专业知识，教师应不断提高自身学术水平，掌握精深的学科专业知识，拥有开阔的学术视野。二是教育学科知识，教师既要掌握适用于所有学科教学的普遍性教学理论和教学法知识，也要掌握某一学科专业特殊的教学理论和教学法知识。教育学科知识具有实践性，能有效指导教师教学、提升教学实践的规范性和科学性。教师应重点扩展教育学科知识，既要加强对教育学科知识的自主学习，养成良好的自学习惯；也要努力争取进修的机会，接受更为系统的教育学科知识培训；还要注重观察、模仿其他教师的教学，借鉴先进的教学经验。通过将教育学科的理论知识、实践知识、优秀教师的教学经验等加以综合、反思、提炼，使之成为自己教学的行动指南，不断提升教学质量。三是混合式教学知识。混合式教学涵盖如何准确把握学生学情、合理设定教学目标、优化选取教学内容、科学运用教学方法、综合安排教学环节、科学评定学习效果等各

[①] 胡红杏.教师教学行为的现状分析与变革路径——以研究性学习指导教师为例[J].当代教育与文化,2014(2):58.

个环节，涉及教师如何有效引起学生兴趣、吸引学生注意力、激发学生动机、调动学生积极性等重要问题，具有与传统的课堂教学不同的许多特点。教师应掌握混合式教学的一般过程、基本环节、主要原理和方法，在教学实践中不断摸索教学经验，培养备课、授课、指导讨论、提问、管理课堂等基本功。在此基础上，从教学目标、教学内容、教学方法、教学组织等方面，总结提炼教学技巧。

教师应加强对混合式教学的学习、实践、反思与研究。首先，教师要学习混合式教学，通过阅读教育教学论著、参加教学培训、观摩其他教师的教学等途径，丰富混合式教学知识，运用理论知识和实践知识，提高混合式教学水平，提高混合式教学质量。其次，教师要认真实践混合式教学，在教学实践中总结和积累教学经验，摸索教学方法，发现和纠正教学失误，锻炼和培养教学能力，提升教学实践合理性，逐渐提高混合式教学质量。再次，教师要反思混合式教学，通过教学前反思，做好混合式教学设计，合理规划教学活动；通过教学过程反思，评判教学实施的合理性、有效性并及时作出调整；通过教学后反思，总结经验教训，不断改进教学工作。最后，教师要研究教学，围绕混合式教学存在的问题，运用科学的理论和方法，有目的、有计划、有组织地进行研究，解决混合式教学中存在的问题。

（二）充分发挥学生主体作用

混合式教学已经成为高校当前最主要的教学模式，学生是混合式教学中学习活动的主体，是教学过程的能动的参与者。学生的成长与进步是衡量混合式教学质量的标准，只有在学生支持并积极投入学习时，教师开展混合式教学才能产生良好的教学效果。学生应当从认知、情感、行为三个维度加大对于学习活动的投入，提升学习质量。

一是认知投入。学生只有对课程学习具有浓厚的学习兴趣、有主动接受教学内容的强烈愿望、有进行探究发现培养思维创新能力的欲求、有对高层次学习效果的主动选择，才会激发教师的教学积极性，促使教师精心选择、科学组织和生动呈现教学内容，发挥主导作用，调动学生的积极性和主动性，培养学生的学习能力和探究能力,不断改进混合式教学,满足学生求知、发展和成长的需要,提高教学效果。

二是情感投入。"任何一种教学方式要行之有效,都离不开师生的接受和适应。当下,高等教育系统内线上教学与线下教学形式共存,教师和学生首先需要适应'双线共存教学'形式,才能以此为基础,逐渐主动追求和胜任'双线融合教学'新形态。"① 学生对于课程学习有强烈的兴趣,学习积极主动,有强烈的进取心,以这种情感和心态进行课程学习,能够激发学习投入,提高学习效率。学生的情感投入同时也双向提高了教师对于教学的情感投入,促进教师更加热爱学生,更加充满热情,更加认真教学,切实提高教育教学质量。

三是行为投入。"在课堂教学中,所有的教学要素都是围绕着学生这一主体组织安排的,教学质量与效果也是从学生身上体现出来的。所以,学生的'学'是课堂教学的目的。"② 学生要积极主动地投入教学,参与教学,努力地克服学习中遇到的困难,不断改进学习方法,认真完成教师布置的教学任务。学生积极主动投入学习,公正、客观地评判教师的混合式教学,充满善意地向教师提出教学改进建议,能够引导教师全身心投入课程教学,明确教学目标,优选教学内容,改进教学方法,提高教学质量。

四、推动信息化环境下教学创新

随着现代信息技术、信息资源和课程的日益有机结合,基于现代信息技术的教学模式的创新成为高等教育发展的必然趋势。学生的学习方式、教师的教学方式以及教育教学形态等各方面均将发生深刻变革。现代信息技术在教学中的深入应用,有利于促进学生从被动接受的学习方式转变为自主、合作、探究的学习方式。慕课、微课、精品资源共享课等课程资源的发展,则

---

① 朱德全,罗开文."双线融合教学":高等教育未来教学的新形态[J]. 现代教育管理,2022(2):3.
② 赵作斌,黄红霞. 高校课堂教学质量及评价标准新论[J]. 中国高等教育,2019(8):45.

为教师在教学内容、教学方法和教学手段等方面的改革创新提供了有效支持，从而促进教学方式的变革。大数据、云计算、虚拟现实等教学环境和教学要素的革新，有力地促进了课堂教学形态的变革与创新。推动现代信息技术环境下的高校英语教学创新，应努力实现教学过程探究化、教学活动信息化、教学结果创新化，进一步培养学生的创新思维、创新意识、创新能力，增强独立思考分析和解决问题的能力。

（一）教学方式创新

现代信息技术不断升级，新媒体新技术成果不断涌现，推动了教学时空创新，使得教育方式和学习方式都发生了深刻改变。"教学信息化的关键是利用信息技术改造教学系统，使教学生态发生变化，从而实现教学模式的升级和变革，提高教学效率，促进学生身心协调发展。高校教学信息化指充分利用信息技术开展高校教学，促使教学平台、资源、过程和管理等教学环节信息化，从而提高教学质量。"[1]数智时代的高校英语教学大致包括以下几种模式：同时同地的课堂教学模式、同时异地的远程教学模式、随时随地的慕课教学模式等。面对面的常规课堂教学在方便师生直接沟通交流方面存在天然优势，但也存在忽视学生主体性问题，学生学习的积极性、主动性和创造性往往得不到充分发挥。远程授课方式的受益学生更多，有利于优质资源的共享，有利于缩小不同地区的教育差距，有利于促进教育公平；慕课教学模式可以借助于网上优质资源，让学生自由掌握学习时间、地点和学习进度；但借助网络进行的教学又存在上课氛围差、学生交流少、存在感不高等互动有限性问题。不论现代信息技术与高校英语教学以一种怎样的形式融合，都应该在遵循课程教学规律的基础上开展，把握二者融合的基本原则和基本规律。教师须把握好教育教学规律，发挥好主导作用，引导学生积极参与课堂，发挥学生学习的能动作用。

近年来，我国高校对于将现代信息技术应用于教育教学进行了积极探索，

---

[1] 张一春,钟秋菊,任屹远.高校教学信息化创新发展的核心内容与实践进路——基于教育数字化转型的TASH 视角[J].电化教育研究,2024(2):71-72.

积累了丰富的实践经验。目前在高校的课堂教学中，已广泛应用网络教学平台和应用软件APP进行教学。常用的教学平台主要有超星学习通、智慧树、雨课堂等，此外，腾讯会议、QQ课堂、钉钉等应用软件也得到不同程度的使用。与传统教学课堂相比，运用学习通、智慧树、雨课堂等网络教学平台开展教学，无论是在教学理念上、所采用的教学方式上还是评价方式上都实现了巨大进步。教师在课前推送学生需要预习的资料，在课堂上组织学生互动，课后以作业的形式使得课堂互动得以延伸。网络教学平台和应用软件APP可以智能考勤、随堂测验，教师对学生"实问时答"，实现了全员互动式智慧教学，充分显示了交互式教学的特殊优势。应用网络教学平台和移动APP开展教学，可以增强课堂教学的趣味性，活跃课堂氛围，激发学生的学习意识，吸引学生主动参与，提高学习效率。有的教师在教学中采用游戏化的授课模式，让学生以完成游戏任务的形式进行学习，增强了学生的参与度和获得感，有助于提高课程教学效果。

应当认识到，利用网络教学平台与应用软件将现代信息技术应用于课程教学中，目前依然处于探索的阶段，随着现代信息技术的更新换代，高校应充分利用现代信息技术，增强高校英语教学的针对性，充分发挥智慧教学的实效性。在进行知识传递的过程中，要做好高校英语与现代信息技术的有机融合，严格遵循教书育人规律，尊重学生的成长规律，提高课程对学生的吸引力，切实提高教育教学质量。

（二）教学内容创新

信息化条件下的课程教学与传统教学发生了巨大变化。由于互联网上课程教学资源的极大丰富，传统的课堂教学模式已经很难引起学生的兴趣。面对泛在化学习环境的挑战，教师应精选教学内容，注重教学内容的系统性和完整性，创新教学内容。

近年来全球范围内高速发展的微课，迎合了教学内容创新的趋势。微课是以教学视频为主要呈现方式，围绕学科知识点、例题习题、疑难问题、实验操作等进行的教学过程及相关资源的有机结合体。完整性、系统性是微课的重要特征，这主要体现在两个方面：一是教学过程、环节的完整性。在教学过程中需要有问题导入、知识讲授、总结概括等环节。二是材料的完整性。除了微课视频，还要有教学方案设计、课件以及微课视频中使用到的习题和总结等辅助性的扩展资料。

微课聚焦于某一知识点的精细化教学设计与教学过程。微课要做到精心的信息化教学设计，保证在尽量简短的时间内，将知识点讲授得完整、清晰、易理解，要保证能吸引学习者，能引发学生积极深入思考。从教学设计的角度来看，在教育理念上，要以学生的学习为中心；在知识点的选择上，主要选择学生学习的重点、难点、易错点；从教学模式的选择上，讲授式、探究式、研讨式等方式都可以采纳；在教学策略的选择上，案例教学、任务驱动、操作演示等多种策略灵活运用；在教学媒体的选择上，针对不同主题综合运用PPT、动画、视频等多种媒体形式。

微课建设的最终目的是面向学习者的学习，注重学生全面发展，突出学生的主体性以及教与学活动的有机结合。微课具有传播内容简短精致、主题概括鲜明、资源共享方便和互动交流强等特点，有利于大学生自主选择学习内容和学习方式，符合数智时代大学生的学习需求，实现了高等教育教学理论课的网络化，有利于课上和课下教学的无缝衔接，增强了教育教学的吸引力。

（三）学习方式创新

"今天，中国大学生学习状态正在发生着剧烈转变，最突出的变化表现在以下四个方面：从被动性学习向主动性学习转变，从表层化学习向深层化学习转变，从接受式学习向探究式学习转变，从工具性学习向本体性学习转变。"[1] 课堂教学是高校教育教学的主阵地，教师要运用好现代信息技术这一教学手段，调动学生主动学习的积极性。现代信息技术与教育教学的深度融合要求强化教学过程中教师的主导地位和学生的主体地位，改变传统教学中灌输式教学方法，真正地让学生参与到课堂中来，让学生由原来的"不愿学"

---

[1] 王洪才. 论中国大学生学习发展的四种趋势[J]. 教育发展研究,2020(23):3.

转变为"我要学",切实落实立德树人根本任务,提高教育教学质量。"作为课堂教学主体的学生,其自身学习的意愿、动机、兴趣、能力、方法以及投入度等才是课堂教学质量的决定因素。以学生为中心,强化积极的学习动机,养成良好的学习习惯,掌握科学的学习方法,是提升课堂教学质量的根本。"[1]在现代信息技术环境下学习方式的创新主要包括以下几种。

一是线上线下结合的混合式学习。我国传统的教学方式注重课堂教学,教师希望在课堂教学中把知识点讲深讲透,促进学生理解。这种教学方式在长时间的人才培养中发挥了至关重要的作用,但也存在不利于发挥学生学习自主性,不利于培养学生的创新性和分析解决问题的能力等问题。线上线下混合式学习方式要求学生课前利用信息资源,自己学习相关内容,发现问题,提出问题,带着问题进课堂;线下翻转课堂,教师为学生释疑解惑。课内学习拓展至课外,两者结合,提高了课程教学效率。

二是基于大数据的个性化学习。借助大数据技术,通过对学生的学习行为数据、学习内容数据、学习管理数据的挖掘、分析和研究,有助于了解学生的学习内容、风格及所需学习服务,有利于了解学生的知识掌握情况,从而为学习者提供个性化的学习服务。

三是随时随地的自主移动式学习。学生在移动设备的辅助下,随时可以快速在不同情境下进行学习。自主移动式学习在时间上体现为课堂学习和课外学习、即时交流和非即时交流的结合,空间上表现为班内和班外、校内和校外、国内和国外的融合,教学方式上则呈现为正式学习和非正式学习、听课与自学、视频和图文、常规课堂与翻转课堂等多种学习方式的有效衔接。

四是大班授课与小班讨论相结合的协作式学习。教师精选讨论问题,组织小组讨论,调动每一位学生的参与积极性,发挥每位学生的主观能动性,深化学生对知识的理解和掌握程度。

五是交互式学习方式。目前,慕课因其受众的量大面广而备受推崇,但同时其高辍学率也不容忽视。对于同一门课程,面向高校学生的授课内容深

---

[1] 赵作斌,黄红霞.高校课堂教学质量及评价标准新论[J].中国高等教育,2019(8):46.

度、广度和进度与面向社会人员比较而言，二者有明显的区别，不同学校学生的教学目标也不一样，所以有时面向小范围特定受众开设 SPOC 课程的效果更加显著。与慕课同步的 SPOC 课程既可以利用慕课的公共资源，又能针对性地对特定受众开展有效教学。因此，慕课和 SPOC 并存的交互式学习也是一种较好的学习方式。

六是师生、生生、师师相互促进的互动式学习。学习不是简单的知识传递，而是共同建构知识的交际过程。在知识建构的过程中，每个学习者都是知识的贡献者。无论是线上的网络学习，还是线下的课堂学习，在学习研讨过程中产生的一些生成性的知识不仅丰富了学生的知识，而且也为教师的教学改进提供了第一手资料。师生既是课程的受益者，也是课程的生产者，从而促进教学相长。

七是虚实结合的沉浸学习。通过将现代信息技术与网络学习平台的结合，利用虚拟现实技术研发虚拟学习环境，实现教学或实验环境的真实环境与虚拟环境的有效结合，学生通过高度参与互动、演练，从而获取知识、提升技能。另外，学生置身于虚拟学习社区，能够自然地与其他学生、指导教师进行交互，产生沉浸其中的感觉。这种虚实结合的沉浸学习模式不仅有利于弥补教学的时空、资金、设备等限制的教学缺陷，而且可以增强学生的临场感，有利于培养学生的协作学习能力。

第六章
高校英语教学质量管理信息化建设

"教学、科研与管理是高等教育的三大核心业务,管理信息化就是利用信息技术来提升管理效率与服务质量、降低管理成本。"[①]高校教学质量管理信息化是教育信息化建设的重要内容。2010年,《国家中长期教育改革和发展规划纲要(2010—2020年)》对于教育信息化作了总体部署。2012年,教育部发布《教育信息化十年发展规划(2011—2020年)》,推进落实教育信息化总体部署。《中国教育现代化2035》进一步明确指出:信息化是教育现代化的重要内容,也是推进教育现代化的关键途径。随着现代信息技术在高等教育领域的广泛应用,信息化管理成为提高教学管理水平和效率的重要手段。

第一节 高校英语教学质量管理信息化存在的问题

进入新时代,现代信息技术在高校教学管理中得到广泛的普及应用,各种管理信息系统改进和优化了管理流程,极大地提高了高校的教学管理效率,降低了高校的教学管理和运行成本。管理信息化对于高校整体的教学、科研诸方面都产生了深远影响,成为推动高校改革与发展的重要力量。"目前,高校科学地运用信息化技术积极推进行政管理工作,大部分高校网络基础建设

---

① 郁晓华,丛培卿,徐显龙. 高等教育管理信息化国内外优秀案例研究[J]. 电化教育研究,2018(9):43.

已升级完善,搭建统一的管理信息系统应用平台,常见的应用模式有信息门户和公共数据库。高校以校园网为平台,利用现代化的办公设备和信息技术进行信息发布、用户管理、事务管理、公文处理,信息流得到双向流动和内外交换,促进高校的管理水平。"①

随着教育信息化的快速发展,全国高校高度重视校园网资源、各类网络应用系统和信息服务的建设与开发,全国高校校园网已基本实现校园全覆盖。教务管理系统、视频采集及课程录播系统、办公自动化系统、视频会议系统、即时通信系统、电子邮件系统、科研管理系统等数十项应用系统得到广泛应用,提高了系统的稳定性和可用性,为高校日常的办公、教学、科研、管理等提供了详尽的信息和便捷的服务。特别是网络教学资源的不断丰富极大地促进了高校英语教学模式的改革,为学生自主学习创造了有利条件。与此同时,高校信息化建设仍存在薄弱环节,主要包括以下方面。

一、思想观念陈旧

"学校数字化转型不仅仅是信息技术在教育领域中的应用,而且是推动教育模式与业态的创新。这对传统学校组织成员的认知与接纳提出了挑战。学校领导层需在认知层面推进师生对技术赋能学校教育创新的认识与理解,从而充分接纳学校的数字化转型。"② 现代信息技术的飞速发展为高校英语教学提供了丰富的教育资源和多样的教学手段,但教育观念陈旧仍然在一定程度上制约着教育信息化的发展,对于教育信息化重要作用的认识有待进一步深化。

首先,管理部门的信息化理念需要更新。"教育信息封闭是传统教育行业在进行管理时面临的一个主要问题,在学校与其他教育机构中,由于不能实时掌握教学和管理的全面信息,很难对其进行动态监管,又或是因为信息过多而造成信息过于复杂难以透过现象看到问题的本质,使整个教育管理机构

---

① 刘立霞.信息化建设视角下高校行政管理的策略[J].黑龙江高教研究,2016(10):71.
② 余胜泉.教育数字化转型的关键路径[J].华东师范大学学报(教育科学版),2023(3):67.

过于臃肿,难以在出现问题时做出快速有效的应对。"①高校内部推进教育信息化发展的政策环境和体制机制尚未完全形成,高校教育信息化的发展还缺乏明确的战略规划和总体设计,各部门之间的协调配合不够紧密,导致资源重复建设和浪费现象时有发生。推进高校英语教学质量管理信息化,需要从教育行政主管部门、高校等层面出发,制定出台一系列具有前瞻性和可操作性的政策措施,深化体制机制改革,为教育信息化的发展提供有力的机制和制度保障。

其次,教师的信息化理念需要更新。混合式教学已经成为高校英语主要的教学模式,但部分教师习惯于传统的灌输式教学模式,对于教学信息化改革缺乏兴趣。在当今高校的课堂上,电子白板、多媒体教学软件等现代信息技术工具已成为教育教学的标准配置,但许多信息化工具的使用仅仅停留于浅层次,应用信息化工具改进教学还缺乏深度与广度。有的教师只是简单地将课本内容电子化,然后通过PPT等形式展示给学生,这种做法显然无法真正发挥现代信息技术的优势,更无法激发学生的学习兴趣和主动性。如何引导教师更新教育教学理念,引导他们充分利用现代信息技术手段,创新教学模式,成了当前教育信息化发展面临的一大挑战。

再次,学生的信息化理念需要更新。在数字智能化时代,网络学习空间已经成了学生学习和交流的重要平台。然而,目前许多高校的网络学习空间建设仍处于起步阶段,存在着资源匮乏、功能单一、互动性差等问题。这不仅限制了学生自主学习和合作学习的发展,也影响了教育信息化整体水平的提升。加强网络学习空间建设,丰富学习资源,优化学习环境,成为当前教育信息化发展的重要方向。

二、基础设施落后

当然,高校教学质量管理信息化平台建设相对滞后。"很多学校教育管理平台的数据应用相对落后、数据资源较零散,缺少有效的整合,进而导致教

---

① 卓然,丁岚. 大数据时代教育管理的发展变化研究[J]. 中国教育学刊,2023(S1):39.

育管理系统难以形成统一的整体，在一定程度上制约了教育管理系统信息化平台的建设。"①

教育信息化的发展离不开高速稳定的网络支持和安全可靠的网络环境。随着教育信息化的快速发展，基础设施与应用需求之间的矛盾日益凸显，带宽偏低、访问速度慢、网络设备更新滞后、网络与信息安全存在漏洞等问题普遍存在。

在信息化教学中，无论是高清视频课程的播放、大规模在线考试的进行，还是云课堂的实时互动，都离不开高速稳定的网络支持。然而目前许多高校仍面临着带宽不足的挑战，直接导致了网络访问速度慢、视频卡顿、数据传输延迟等一系列问题，严重影响了教学效果和学习体验。

网络设备更新滞后也是制约教育信息化发展的一个重要因素。随着现代信息技术的不断进步，新的网络设备层出不穷，这些网络设备不仅性能更强大、功能更丰富，而且更加安全可靠。然而，由于资金短缺、管理不善等原因，许多高校在设备更新上滞后于教育教学发展。老旧的网络设备不仅难以满足日益增长的教学需求，还容易成为网络安全的隐患，如教学数据泄露、系统瘫痪等问题。

网络与信息安全存在漏洞也是教育信息化面临的一大挑战。在信息化教学中，大量的教学数据、学生信息以及教师资料等敏感信息都存储在网络中。一旦这些信息被泄露或滥用，将会给学校、教师和学生带来不可估量的损失。然而，由于网络安全意识淡薄、防护措施不到位等原因，高校的网络与信息安全方面存在诸多漏洞，要求高校加强网络安全防护措施的建设和管理，确保教学数据和敏感信息的安全可靠；同时加强网络安全意识教育，提高师生的网络安全意识和防护能力。

三、资源建设不足

数字化教育资源在不断丰富的同时，存在优质资源匮乏、分布不均、重复

---

① 卓然,丁岚.大数据时代教育管理的发展变化研究[J].中国教育学刊,2023(S1):40.

配置、标准化程度低、整合与共享难度大等问题。高校应通过政策支持、资金投入、技术创新等手段，不断推动数字化教育资源的优化升级和高效利用。

目前，数字化教育资源总量庞大，但由于资源制作需要投入大量的人力、物力和财力，真正高质量、有深度的教学资源却相对稀缺。同时，部分教学资源在内容设计、技术实现等方面存在不足，难以满足学生的个性化学习需求。数字化教育资源的分布不均主要体现在区域之间、高校之间的差异上。在经济发达地区，高校的数字化教育资源相对丰富，学生可以享受到高质量的教育资源和服务；而在一些经济欠发达地区，数字化教育资源则相对匮乏，学生的学习受到不同程度的限制。在数字化教育资源的建设过程中，不同高校、高校内部的不同部门由于缺乏统一规划和协调机制，在信息化建设上存在重复劳动问题，导致大量资源内容相似、形式雷同，浪费了宝贵的资源制作成本和时间成本，还增加了用户筛选和使用的难度。因此，高校需要建立统一的数字化教育资源管理平台，实现资源的统一规划、制作、审核和发布，避免重复配置和浪费现象的发生。数字化教育资源的标准化程度是影响其有效利用和共享的重要因素。由于目前各类教育教学资源标准不一、格式各异，导致资源之间的兼容性较差，不仅增加了用户使用的难度，还限制了资源的广泛传播和共享。数字化教育资源的整合与共享是实现教育资源优化配置和高效利用的关键环节。由于资源来源广泛、种类繁多、格式复杂等原因，导致资源的整合与共享难度较大，要求高校通过建立资源共享平台、开展资源合作与交流等方式，促进资源的整合与共享，提高资源的利用效率和社会效益。

针对存在的问题，高校应坚持"统筹规划、分步实施、应用驱动、深度融合、引领创新"的工作方针，以教育理念创新为先导，以优质教育资源和信息化学习环境建设为基础，以学习方式和教育模式创新为核心，以体制机制和队伍建设为保障，大力提升高校教育信息化整体水平，为高校英语教学信息化建设提供有力支撑。

第二节 高校英语教学质量管理信息化建设的主要任务

"应用和服务系统是各高校开展和实施信息化管理的基础。"[①]加强高校英语教学质量管理信息化建设，首先是构建结构合理、高速稳定、安全可靠的信息化基础设施平台。在此基础上，建立高标准的共享数据中心和统一身份认证及授权中心，建成优质教育资源平台，利用信息技术创新教育管理公共服务模式。之后，建成技术先进、覆盖全面、应用深入、高效稳定、安全可靠的数字化校园，消除信息孤岛和应用孤岛，建立校级统一信息系统，提高决策、管理、工作效率，显著提高教育教学管理信息化水平。

一、加强信息化基础设施建设

随着现代信息技术的飞速发展，高校信息化建设已从最初的单机应用、局域网建设，逐步迈向了云计算、大数据、人工智能等前沿领域。目前，高校教学质量管理信息化建设还存在着资源分散、利用效率低、管理难度大等问题，迫切要求加强信息化基础设施建设。"数字（智慧）校园是一个学校办学水平和综合实力的主要体现，是推进信息技术与教育教学深度融合，促进教育理念、方法和手段全面创新的基本保障。"[②]

首先，根据高校信息化发展实际情况进一步强化校园云数据中心建设，实现全校范围内的教学资源的共享和在线学习平台的搭建。整合高校校内各种硬件资源，形成统一规划、动态管理、按需调配的校园云计算、存储、网络资源池，全面实现以虚拟化方式提供信息化基础资源。在资源整合的基础上，进一步细化管理措施。建立完善的运维体系和服务流程，确保云数据中心的稳定运行和高效服务。通过数据分析、数据挖掘等手段，深入挖掘数据价值，对教师的教学、学生的学习进行深入的分析，为教学、科研、管理等

---

① 郁晓华,丛培卿,徐显龙. 高等教育管理信息化国内外优秀案例研究[J]. 电化教育研究, 2018(9):45.

② 郭炯,杨丽勤. 教育信息化促进教育系统性变革路径研究——基于教育部首批教育信息化优秀试点案例的分析[J]. 中国电化教育,2019(5):42.

工作提供更加精准、有力的数据支持。

其次，根据信息系统和数据资源的增长情况，扩充校园云数据中心数据存储设备，并建立完整的应用和数据备份机制，全面提升数据中心应用和数据的可靠性。各类教学管理系统、科研平台、学生信息系统等产生的数据是高校运营与管理的重要基础，也是推动教育创新与发展的重要资源。高校可以通过引入高性能服务器、分布式存储系统等技术手段，大幅提升数据中心的存储容量与读写速度，为海量数据的处理与分析提供坚实的硬件支撑。在应用与数据备份机制的构建上，通过优化应用架构设计、加强系统监控与预警等措施，确保各类应用系统的稳定运行与数据安全。建立完善的备份体系，包括定期全量备份、增量备份以及快速恢复策略等，以预防数据丢失或系统故障问题。积极探索云备份、异地备份等先进备份技术，提高数据备份的安全性。

第三，完善多媒体教室智能管理系统，实现多媒体教室网络中控、音响、监控集中管理。完善全自动高清录播系统，提高优质课程资源录像和制作效率。改造升级校园网，完善网络辅助教学平台、教学管理信息系统，提升信息化教学管理效果。多媒体教室智能管理系统的完善，能够实现对各类教学设备的远程控制与调度，极大地提高课堂教学的便捷性。全自动高清录播系统与在线学习平台相结合，实现课程资源的在线发布与共享，学生可以通过手机、电脑等终端设备随时随地观看录制的课程视频，进行自主学习与复习巩固。通过增加网络带宽、优化网络拓扑结构等手段，提升校园网的传输能力与稳定性。建设功能齐全、操作简便的网络教学平台，为师生提供在线教学、作业提交、资源共享等服务。建立完善的网络安全防护体系，如防火墙、入侵检测、数据加密等，确保校园网数据的安全性。升级智慧校园应用，提高管理效率与水平。

二、进一步做好基础数据整合

高校信息化建设水平直接关系到教学质量和管理效率。"近年来，高校及其职能部门为方便教育信息的汇总，各级部门都研发自己的信息管理系统（如教学管理系统、科研管理系统、人事管理系统等），提高各级部门教育管理的效率。但由于缺乏规范统一的管理信息系统构建标准，各个不同系统之间信息集成化程度不高，信息交换标准不统一，数据一致性差，这使得各部门间信息传递缓慢，共享难以实现，形成'信息孤岛'。这在很大程度上造成信息化系统管理与使用上的混乱，部门之间无法实现业务协作，成本浪费。"[①] 各业务系统间数据互不联通，信息共享运行不畅，构建全校公共数据库显得尤为重要和迫切。

全校公共数据库的构建旨在打破信息壁垒，实现数据的互联互通。公共数据库平台需紧密贴合高校教学、科研、管理等各项工作的实际需求，确保数据的适用性和价值性。安全可靠是数据库平台的基石，必须采用先进的加密技术和安全防护措施，确保数据在传输、存储过程中的安全性和完整性。操作便捷是提升用户体验的关键，通过简洁明了的界面设计和友好的交互方式，便利全校师生使用。在技术层面，采用先进的技术架构，确保系统的高效运行和灵活扩展。规范统一的数据标准是实现数据共享的前提，通过制定统一的数据格式、编码规则等，确保各业务系统间数据的可识别性和可交换性。此外，平台还需具备灵活可扩展的特性，以应对未来高校信息化建设的不断发展和变化。为实现数据的全面共享，全校公共数据库平台需集成先进的数据交换工具，自动完成数据的过滤、清洗和双向传递，确保数据在传输过程中的准确性和完整性。通过数据交换，各业务系统间的数据得以相互融合，形成数据资源池，为高校的教学科研提供强有力的数据支持。

共享数据平台建设是高校信息化建设的重点、基础和前提，只有全面完成共享数据库建设，才能实现真正意义上的信息化。高校应高度重视共享交换平台的建设工作，不断完善技术架构、优化数据管理、拓展应用服务、强化安全保障，推动校园信息化向更高水平迈进。

共享交换平台通常采用微服务架构，通过API接口实现各应用系统间的

---

① 刘立霞. 信息化建设视角下高校行政管理的策略[J]. 黑龙江高教研究, 2016(10):72.

数据互操作。这种架构具有高度的灵活性和可扩展性，可以应对高校信息化建设中复杂多变的数据交换需求。同时，采用加密传输、权限控制等安全机制，确保数据在共享过程中的安全性和隐私保护。为了实现对共享数据的统一管理和控制，平台需构建完善的数据治理体系，包括数据标准的制定、数据质量的监控、数据生命周期的管理等多个方面。通过数据治理，可以确保共享数据的准确性、完整性和时效性，为后续的决策分析提供可靠的数据基础。在数据共享集成的基础上，根据用户角色，为教师和学生提供个性化的信息服务。在数据积累的基础上，基于大数据分析、人工智能等技术手段，对海量数据进行深度挖掘和分析，揭示数据背后的规律和趋势，为高校在制定发展战略、优化资源配置等方面提供有力支持。

三、加强校内信息资源建设

当前，全国高校注重加强教学资源建设，建立教学资源共享平台，推动优质教育资源向全校师生开放。建设国家级、省级一流课程资源，引进国内外开放课程等教学资源，推动优质教育资源共享，促进教育信息资源与课堂教学的有机结合。在此基础上，加强教育资源云建设。整合校内外各种教育资源，包括各种在线视频、校内外精品视频公开课、校内外课程课件资源网站、图书馆内各种馆藏图书、各种协议资料检索引擎等。建设完整的课程资源管理体系，对各种课程的课件、讲义、试题库、视频和讲座利用数字技术存储，形成教学资源，可以通过网络进行在线阅读或者下载。为用户提供多样的培训内容以提高其技能，并且将各种培训信息通知给订阅相关内容的用户。以学科为核心，整合高校各类知识资源，建立高校机构知识库，构建一体化知识资源服务体系，提升高校科技知识资源共享水平。提供标准接口，所有教育资源都可以被其他相关子系统或平台进行调用，并且提供订阅功能。

四、加强信息管理平台建设

"教育管理数据信息平台的建立是教育管理资源结构优化的基础性保障，

加快建设教育管理数据信息平台是深化教育领域综合改革的迫切需要。"[1]加强信息管理平台建设，首先是加强电子校务平台建设。通过电子校务平台的建设，实现高校各项管理业务的全面覆盖和无缝对接，打破部门壁垒，促进信息共享，提升管理效率，提供更加准确、全面的决策支持。电子校务平台还能够通过流程优化与再造，推动高校管理体制改革，促进高校治理体系和治理能力现代化。

建设电子校务平台可以从三个层面着手。一是构建高校主数据库，整合数据资源。高校主数据库是电子校务平台的核心组成部分，它集成了高校各类数据资源，为校级统一信息系统建设提供了坚实的数据基础。在构建高校主数据库的过程中，需要充分考虑数据的规范性、完整性和安全性，确保数据的准确性和可靠性。同时，还需要通过数据清洗、整合等手段，消除数据冗余和矛盾，构建良好的数据环境。二是建立基于统一信息门户的综合信息服务。统一信息门户是电子校务平台的重要入口，它集成了各类信息服务功能，为师生提供了一站式的服务体验。在建立统一信息门户的过程中，需要注重用户体验和界面设计，确保门户的易用性和美观性。同时，还需要根据师生的实际需求，不断丰富和完善门户的服务内容，提升信息服务的深度、广度和质量。三是推进业务流程优化与再造。通过深入分析高校管理业务流程的现状和问题，找出瓶颈和痛点，运用现代管理理念和信息技术手段，对业务流程进行重构和优化。这不仅能够简化流程、减少环节、提高效率，还能够增强流程的透明度和可控性，提升高校管理的整体水平。

其次，加强数据分析平台建设。随着高校信息化建设的不断深入，学生信息、教学资源、科研成果等不断累积。面对日益庞大的数据量，如何高效地收集、整理、分析并转化为有价值的决策信息，成为高校面临的一大难题。建设数据分析平台，有助于为高校决策提供精准的数据支持。

加强数据分析平台建设，一是要依托高校主数据库，构建坚实的数据基础。高校主数据库是全校数据的汇集地，依托主数据库，数据分析平台能够

---

[1] 卓然,丁岚. 大数据时代教育管理的发展变化研究[J]. 中国教育学刊,2023(S1):40.

轻松获取到全面、准确的数据资源,为后续的决策分析提供坚实的数据基础。通过定期的数据清洗与更新,确保数据的时效性与准确性,为决策分析提供可靠保障。二是要建立决策支持平台,实现数据驱动决策。利用先进的数据挖掘等技术手段,对海量数据进行深度分析,挖掘出隐藏在数据背后的规律与趋势。通过可视化界面,将复杂的分析结果以直观、易懂的方式呈现,为科学决策提供支持。支持用户自定义数据分析的变量,满足不同用户的个性化需求,确保决策分析的全面性与精准性。三是提供多样化的分析结果展示形式。通过图表、报告等多种形式展示分析结果,让用户可以根据自己的喜好与需求选择最适合的展示方式。支持结果的导出与分享功能,方便用户将分析结果用于汇报、讨论等场合。

再次,加强学生一体化管理平台建设。平台建设涵盖所有学生相关业务,覆盖招生、学籍、教学、就业、社会服务等业务领域一体化,完成跨业务职能部门学生工作的业务整合,实现从计划制定、运维与协同、事务处理,到学生服务、监督与分析改进的过程改善一体化。为支撑学生一体化管理平台的顺利运行,平台建设需采用先进的技术手段和严谨的管理流程。在数据安全方面,采用加密传输、权限控制等安全措施,确保学生信息的安全性和隐私性。在用户体验方面,注重界面的友好性和操作的便捷性,让学生能够轻松上手、快速使用。此外,建立完善的客服体系和技术支持团队,及时解决学生在使用过程中遇到的问题和困难。

五、加强服务平台建设

加强信息整合及服务集成,建设教学质量管理信息化公共服务支撑平台是提升教学质量管理效率的重要举措。通过数据资源的整合、决策支持系统的构建以及功能整合与服务集成的实施,全面提升教学质量管理信息化的水平和效果。

首先,进行数据资源的整合,提高资源的使用效率。加强数据资源整合,不仅要将分散在各系统中的数据进行集中管理,更要通过标准化、规范化的处理，确保数据的准确性、完整性和一致性。其次，构建决策支持系统。以共享数据库和整合的资源库为基础，通过构建各院系的数据集市和整个校园范围内的数据仓库，实现数据的全面汇聚和深度挖掘。在此基础上，运用联机分析处理、数据挖掘等先进技术，构建数据挖掘模型库，为高校决策提供全面、准确、及时的数据支持。第三，在高校各系统提供功能的基础上，进行功能的整合，打造信息化校园门户。校园门户通过提供个性化服务和增值服务，可以大大提高信息的使用效率和用户的满意度。

六、完善支持保障措施

"信息化组织保障对于高校信息化的运作以及信息化宏观决策的制定起着决定性作用。"[①]为了全面推进教学质量管理信息化进程，高校首先要从政策层面入手，制定并落实教学质量管理信息化优先发展政策。完善教学质量管理信息化项目管理制度，确保每一项工作都有章可循，有据可依。建立科学、合理的信息化工作绩效评价制度，通过量化指标来衡量教学质量管理信息化工作的成效。构建教学质量管理信息化评估体系，将其纳入教育督导的重要内容，形成上下联动、内外结合的教学质量管理信息化推进机制。推动标准应用与示范，建立市场准入制度，引导教学质量管理信息化标准规范体系的应用和推广，保障教学质量管理信息化工作的规范发展。

经费投入是教学质量管理信息化建设的物质基础，充足的项目经费是保证信息化建设顺利实施的必要条件。为了保障信息化建设的顺利实施，高校必须加大经费投入力度，重点用于三个方面：一是云基础服务平台，如校园网、数据中心等；二是增强型中间件及平台软件，如数据库、统一通讯和协作平台、数字化教学环境建设、教学资源开发及管理平台、应用虚拟化平台、云应用支撑及开发平台等；三是应用软件，如教与学平台、校务系统、网站群、移动应用、云服务集成平台及门户等。在资金使用上，要本着经济、实

---

① 郁晓华,丛培卿,徐显龙.高等教育管理信息化国内外优秀案例研究[J].电化教育研究，2018(9):46.

用、统筹协调的原则，提高资金使用效率。积极争取各级政府加大信息化经费投入，鼓励企业和社会力量投资、参与信息化建设与服务，形成多渠道筹集信息化建设经费的投入保障机制。

人才是教学质量管理信息化建设的第一资源。信息化人才队伍主要包括管理人员、技术人员、开发人员、运行维护人员和服务人员等。为了建立一支结构合理、相对稳定的信息化人才队伍，一方面，增加专职人员编制，确保有足够的人力资源来支撑信息化工作的顺利开展；另一方面，扩充兼职队伍，吸引更多具有信息技术背景的人才参与到教学质量管理信息化建设中来。加强信息化人才的培养、培训、引进工作，积极开展交流活动，通过多种形式培养高素质复合型信息化管理人才，强化信息化宣传普及和教育培训，提高高校整体信息化素养。

运维服务是保障教学质量管理信息化系统稳定运行的关键环节。高校要建立一支全方位、立体化的服务运维团队，提供事件处理、版本升级、预防性健康检查等专业运维服务，持续提升系统的可用性和稳定性，深入发掘系统潜能，促进资源最优配置。建立快速响应机制，第一时间发现和解决遇到的难题，减少沟通成本，降低系统风险。此外，为技术团队提供专业的培训机会，不断提升技能水平。

第三节　高校英语教学质量管理信息化建设重点项目

"'人工智能+'时代，随着生成式人工智能、数据智能等新兴智能技术加速发展，以智能化赋能教育治理，引领教育变革创新，成为推进教育数字化战略行动的重点任务。"[1] 高校英语教学质量管理也需要以重点建设项目为引领，推动教学质量管理信息化建设。

---

[1] 刘邦奇,朱洪军,喻彦琨,等. 智能技术赋能学校数字化治理:内涵、框架与典型场景[J/OL]. 现代远距离教育.https://doi.org/10.13927/j.cnki.yuan.20240628.002.

一、信息化基础设施建设

"高校信息化建设的核心是教学信息化,教育教学随着信息技术的发展由过去的单一的计算机辅助教学到网络信息平台,再到信息技术与各学科的融合,不仅转变教师的教学方式和方法,而且也改变着学生的学习方式和学习途径的多元化。"[①] 校园网及出口线路建设、校园云数据中心平台建设、信息安全保障、数据库建设以及多种教学模式的教与学环境建设是高校教学质量管理信息化基础设施建设的基本内容。通过加强信息化基础设施建设,构建更加高效、安全、便捷、智能的信息化和智能化环境,为高校英语教学科研活动提供更加有力的支持和保障。

随着现代信息技术的飞速发展,高速、稳定的网络已成为现代大学不可或缺的基础设施。在校园网建设中,首要任务是确保有线与无线网络能够覆盖所有学生寝室、教学楼和办公楼,采用先进的网络设备和技术,大幅提高网络带宽和稳定性。

云数据中心平台是高校信息化基础设施建设的核心。高校应加大资源投入力度,配备高性能的服务器、终端、微机、打印机等设备,形成完备的IT基础设施体系,以支撑科研、教学等多元化需求。通过虚拟化、云计算等先进技术,实现资源的动态分配和高效利用,降低运维成本,提升服务质量。

在享受网络带来的便利服务的同时,信息安全问题也不容忽视。高校应建立健全的信息安全管理体系,加强软件的规范化管理,实施统一规划和集中管理策略。积极推广正版系统和应用软件的使用,从源头上减少安全漏洞。建立完善的安全监测和应急机制,及时发现并处置网络攻击、数据泄露等安全事件。通过校园网信息安全保障系统建设,有效保障校园网络的安全稳定运行,为师生营造优良的网络环境。

加强数据库建设,建立高校数据规范和数据模型,保数据的准确性和一致性。在此基础上,构建共享数据库平台,保证各系统要使用的共享信息在

---

① 李彬,范木杰,崔姗. 大数据时代教育管理信息化建设与创新发展研究[J]. 情报科学,2021(10):102-103.

整个校园范围内的一致性和有效性，以此为指南指导各子系统的数据库设计和开发，实现各系统间数据的互联互通和共享利用。

随着信息技术的发展，传统教学模式正逐步向多元化、智能化方向转变，高校应紧跟时代步伐，加强多种教学模式的教与学环境建设。一是建设新媒体学习体验中心，集移动学习系统、视频会议系统、虚拟实验系统等于一体，使学生在该中心能够体验网络信息环境下利用新技术进行的高效学习。二是建设覆盖所有教室、报告厅和课堂教学资源和学术报告的集控录制系统。建设专门的多功能课堂教学资源录制环境，实现一流课程等课程资源录制。建设常态化录播教室，全程录制教师的上课情形，供学生网上浏览学习，同时便利教师课后查看以进行自我评价和自我提高。三是紧跟现代信息技术的发展，引入先进的教学技术设备和方法手段，如 AR/VR 技术、智能教学系统等，提升对教学内容的展现能力，优化课堂教学环境。

二、网络教学平台建设

功能强大、操作方便和符合高校教学特点的网络教学平台建设是推动高校线上学习的重要技术支撑。通过不断完善平台功能、优化用户体验、加强资源整合与共享以及推广先进的教学模式与学习方法，可以充分发挥数字化教学的优势，推动高校英语教学模式创新，提升教育教学质量。

网络教学平台需集成课程管理、教学资源上传与下载、在线互动、作业提交与批改、学习进度跟踪等一系列功能，以满足教师教学与学生学习的多元化需求。同时，平台界面设计应简洁明了，操作流程直观易懂，确保教师和学生迅速上手，享受数字化教学带来的便利。不同高校的教学体系、专业特色及学生需求存在差异。因此，网络教学平台的建设需充分考虑这些因素，进行定制化开发，确保平台能够无缝对接高校的教学实践，提升教学的针对性和实效性。全校范围内使用统一的线上学习平台，有助于实现教学资源的集中管理与高效利用。通过统一规划、培训和推广，可以确保教师和学生都能熟练掌握平台的使用方法，提高平台的实际应用效果。此外，统一的平台还能促进不同院系、专业之间的交流与合作，共同推动教育教学改革与创新。

网络教学平台为学生提供了丰富的数字化学习资源，包括电子教材、教学视频、在线题库等，支持学生根据自身学习进度和兴趣进行个性化学习。"丰富优质数字教学资源供给，改造升级与各学科门类相配套的在线课程、教学视频、多媒体课件、数字教材、虚拟仿真实验、教学资源库等数字化教学资源，切实把好政治关，坚持科学性，注重规范化。建立数字教学资源的定期更新和补充机制，促进数字科研资源向数字教学资源转化，切实提高数字教学资源的可用性和有效度。"[1]同时，平台还提供了学习论坛、在线问答等互动功能，鼓励学生之间、师生之间的交流与讨论，激发学生的学习兴趣与探索精神。基于网络教学平台，各类教育资源得以有效整合与共享。教师可以通过平台上传自己的教学资料、研究成果等，供全校师生乃至社会人士学习借鉴；同时，也可以从平台上获取其他教师的教学资源和经验分享，实现教学相长。这种开放共享的教育资源环境，有助于提升整体教学质量与水平。网络教学平台为混合式教学模式和探究式学习的推广提供了有力支持。教师可以利用平台进行线上授课、答疑解惑等教学活动；而学生则可以在平台上进行自主学习、协作探究等学习活动。这种线上线下相结合的教学模式，既保留了传统课堂教学的优势，又充分发挥了网络教学的灵活性和便捷性，有助于培养学生的自主学习能力、团队协作能力和创新思维能力。

为了保障网络教学平台的持续健康发展，高校必须建立完善的数字化教学服务体系，包括技术支持与维护、教师培训与指导、学生学习评价与反馈等。通过不断优化服务流程、提升服务质量，确保网络教学平台充分发挥其在教学实践中的积极作用，促进高校教育教学的改革与创新。

三、教学交流平台建设

"鼓励高校内部、高校之间、高校与社会之间通过协同创新或集成创新的

---

[1] 侯君,李千目. 信息技术与治理双向赋能高校教学——从填平"数字鸿沟"到补齐高质量发展"短板"[J]. 中国大学教学,2022(5):48.

方式，共建共享优质数字教学资源与应用平台，建立共建共享的调控机制、管理机制、规范机制和评价机制。进一步推动优质数字教学资源跨平台、跨终端应用与共享，为师生提供稳定可靠、绿色环保、低成本、高效益、个性化、智能化的数字教学资源服务。"[①] 除了高校内部的网络教学平台建设，高校还应探索建立国内外校际和校企之间的多媒体教学和国际学术交流服务平台，构建跨界的多媒体教学环境、强化师生远程在线互动、促进大规模资料共享与在线实践以及实现远程现场观摩、通过音视频远程解决现场问题等。

建立国内外校际和校企之间的多媒体教学平台，是打破传统学术壁垒、促进知识交流的重要举措。这不仅意味着技术层面的革新，如高清视频直播、虚拟现实（VR）、增强现实（AR）等现代教学技术的应用，还在于教育理念与模式的深刻变革。通过利用云计算、大数据等现代信息技术，搭建全球同步的在线课堂平台，学生可以在教室里"亲临"世界顶尖学府的课堂，与海外教授面对面交流，感受不同文化的学术碰撞，极大地拓宽了学习视野。强化师生远程在线互动，不仅包括实时的音视频交流，还应涵盖异步讨论区、在线协作工具、虚拟实验室等多种形式的互动方式。通过师生远程在线互动，突破学术交流固有的时间、空间的限制，培养学生的创新思维、团队协作能力、解决问题的能力等。促进大规模资料共享与在线实践不仅包括学术论文、研究报告、教学课件等各类资源的开放获取，同时，结合在线实践平台，如虚拟仿真实验室、远程实习基地等，为学生提供更加丰富的实践机会，将理论知识与实际操作紧密结合。通过音视频远程解决现场问题，是学术交流平台实用价值的直接体现。无论是科研项目中的技术难题，还是生产实践中的突发状况，都可以借助这一平台实现远程会诊、即时指导。这不仅提高了问题解决的效率，也促进了跨学科、跨领域的深度合作。

[①] 侯君,李千目. 信息技术与治理双向赋能高校教学——从填平"数字鸿沟"到补齐高质量发展"短板"[J]. 中国大学教学,2022(5):48.

四、视频课程教学资源建设

视频课程资源融合了音频、视频、文字、图片等多种媒介形式，可以用于学生课前预习、课后复习、实验过程的反复观摩，也可以用于强化学生的自主学习。从认知科学的角度来看，其效果远超单纯的讲义和书籍。

充分发挥视频课程资源的优势，需要做好以下几个方面的工作。一是制定科学合理的视频课程资源建设标准。这是确保视频课程资源质量的前提和基础，只有建立了统一的建设标准，才能避免资源的重复建设和浪费，提高资源的利用效率和价值。二是建设具有学校特色的视频课程资源库。充分考虑本校的实际情况和需求，打造具有学校特色的资源库，满足本校师生的学习需求，同时提升学校的知名度和影响力。三是加强政策引导，鼓励师生积极参与课程资源建设。高校应该出台相关政策措施，激励师生积极参与视频课程资源的制作和分享，建立完善的激励机制和评价体系，对优秀的视频课程资源进行表彰和奖励。四是研究整理国内外相关的视频课程资源。随着网络技术的不断发展和普及，越来越多的视频课程资源被上传到网络上供人们免费观看和学习，高校应该加强对这些资源的研究和整理工作，为师生提供便捷的视频课程资源导航服务。五是采购与高校学科专业建设密切相关的视频课程、课件和媒体资源库。这些资源往往具有很高的专业性和实用性价值，能够为学生提供更加丰富和深入的学习内容，高校应该根据自身的学科专业建设需求和教学需求采购相应的资源。

五、信息化管理服务平台建设

教学质量管理信息化公共服务支撑平台的建设是推动教育现代化、提升教学质量的重要手段。通过平台建设，为教学质量管理信息化提供平台支撑和技术支持，同时，促进教育教学理念、管理模式的全面升级。

一是校园综合信息服务平台。通过集成课程资源、教务管理、图书资源、社团活动等多种信息系统，实现信息的一站式访问与个性化推送。利用大数据分析技术等，智能识别师生的兴趣偏好与学习需求，精准推送课程推荐、学术讲座、社团活动等信息，提升信息服务的针对性和有效性。注重信息的时效性与准确性，通过实时更新机制，确保师生获取到的是最新、最全面的资讯。

二是办公自动化系统。办公自动化系统以工作流为核心，通过先进的技术手段，提高办公的效率，进而实现办公自动化处理。它不仅涵盖了公文办理、日常公务、个人事务等传统办公业务，还融入了信息中心、资源管理、档案管理、部门人员管理和系统维护等多元化功能。这些功能的有机结合，改变了过去复杂、低效的手工办公方式，实现迅速、全方位的信息采集、信息处理，为高校管理和决策提供了科学的依据。

三是视频会议系统。视频会议系统的引入，进一步打破了时间和空间的限制，实现了高校跨校区间的即时沟通与协作。该系统不仅支持高清视频会议直播，还集成了远程培训、即时通信、协同办公等多种功能。

四是全自动高清录播系统。高清全自动录播系统采用先进的图像智能拍摄技术、全自动导播技术、高清多轨录像技术和网络技术，实现了对教师视频、学生视频、板书视频等多种教学资源的智能跟踪拍摄与全自动导播切换录制。全自动高清录播系统记录设备内置硬盘同步存储，并可方便地通过网络方式进行资源共享，可广泛用于高校精品课程、微课教学、校园演播室等多种场合。

第七章
高校英语教学质量保障体系建设

步入新时代，我国高等教育已经从规模扩张全面转向内涵式发展。围绕高等教育质量建设，我国出台了一系列规章制度，加强大学质量文化建设，如教育信息化2.0行动计划、"五位一体"教学评估制度、普通高等学校本科专业类教学质量国家标准、"双一流"建设指导意见、中国教育现代化2035、"六卓越一拔尖"计划2.0、一流本科专业建设"双万计划"等，有力地推动了高等教育中国经验、中国标准、中国方案建设，不断推进高校教学质量保障工作的规范化、制度化。随着现代信息技术的广泛应用，高校应借助现代信息技术手段，建立健全高质量的教学质量保障体系，健全各主要教学环节的质量标准，建立校院两级教学管理规章制度落实机制，形成学校、学院、系（教研室）、课程教学团队（课程组）一体化保障体系。

第一节 高校英语教学质量保障体系结构

新时代的高等教育实现内涵式发展，其中的关键环节是建立大学内部教学质量保障体系，并在此基础上建设质量文化。教学质量保障体系建设应围绕人才培养目标，以质量标准建设为基础，以质量保障制度建设为重点，以自我评估和质量监控为手段，形成多层次管理、多方位监控、多元化反馈的教学质量保障体系架构。

一、教学质量标准体系建设

教学质量标准体系涵盖专业建设、课程建设、实践教学等各主要教学环节，并根据高等教育发展和高校的办学实际不断优化调整。根据高校办学定位，确定人才培养总目标。根据人才培养总目标，确定各专业的专业人才培养目标。在此基础上修订人才培养方案，根据培养方案制定课程教学大纲。建立专业建设、课程建设、课堂教学、实验教学、实习教学、课程考核、毕业论文等各主要环节的质量标准。

（一）人才培养方案

专业人才培养方案是学校保证教学质量和人才培养规格的基本文件，是组织教学过程、安排教学任务的基本依据。其内容主要包括专业介绍、专业培养目标、毕业要求及指标点分解、课程体系设置、修业要求、学制与学位、各类课程学时学分分配、教学环节及进程等。

制定或修订人才培养方案的基本要求主要包括以下方面。一是专业人才培养目标必须满足经济社会发展对于人才的需求，符合高校的具体要求，并与高校的办学定位、总体发展目标、人才培养总目标相一致。二是毕业要求必须能够充分支撑专业的培养目标，分解指标点必须能够充分支撑对应的毕业要求。三是课程体系必须能够充分支撑毕业要求所有分解指标点，做到课程体系在全局上达到最优，并体现先进的教学理念。

修订专业培养方案的质量负责机构和人员主要包括高校教务处、学院教学指导委员会、英语专业教学工作指导小组、学院主管教学副院长、英语专业建设负责人和系主任等。制定及修订培养方案的原则意见由高校在广泛调研、充分论证的基础上加以确定，且邀请校外专家参与制定。

学院在学校原则意见的指导下，主持制订英语专业的培养方案。在修订培养方案的过程中，学院通过问卷调查、座谈研讨等形式，广泛征求用人单位、行业企业专家、校内教师和毕业生对培养方案中相关内容的意见，及时发现问题。学院教学指导委员会负责培养目标和课程体系合理性论证，并对学院提交的培养方案进行审核。专业人才培养方案经学院教学指导委员会讨论审定、教务处组织审核查、报主管校长批准后下发执行。培养方案一经确定，必须认真组织实施。

（二）课程教学大纲

课程教学大纲是高校组织课程教学的基本文件，规定了本门课程的性质与任务、学时学分要求、选修课程、教学内容、实践环节及要求、学时分配、教学方法、考核方式及成绩评定等内容。课程教学大纲必须制定明确的课程目标及对毕业要求的支撑，教学大纲中的教学内容和教学方法必须能支撑课程目标，课程大纲中课程考核方式要能支撑课程目标的实现。

在修订专业人才培养方案的基础上，组织修订课程教学大纲。制定或修订课程教学大纲，需征求用人单位、校外专家等的意见，结合高校关于修订教学大纲的指导意见及学科发展的特点，由课程组负责编制、修订课程教学大纲初稿。英语专业建设负责人对课程教学大纲初稿进行审定，并提出修改意见。课程大纲经系主任、教学副院长、教务处审批后执行。由课程负责人组织实施，专业教学指导工作小组讨论通过后，经学院教学指导委员会审核通过，教务处备案后实施。学院主管教学的副院长、专业教学指导工作小组、专业建设负责人和系主任、课程负责人等对课程教学大纲的质量负责。

（三）课堂教学准入

只有符合课堂教学准入条件的教师，才可以承担高校英语课堂教学任务。课堂教学准入条件一般来说包括以下方面：新入职教师必须参加高校组织的岗前培训，取得教师资格证；青年教师必须参加各级、各类青年教师教学培训计划，掌握教学基本知识与技能；新入职教师必须经过助课环节，才能主讲；新入职教师第一次开课，首先安排试讲，经评议合格后方可安排开课。

教师课堂教学准入工作由高校人事处、教务处、学院教学副院长、系主任、督导组、课程负责人等负责。各高校常见的青年教师培训，如岗前培训等，每学年开展一次，由人事处负责组织。青年教师教学能力培养，每学年

169

一次，由教务处负责组织。开新课试讲根据需要不定期安排，由学院组织。通过教学准入的教师方可授课，试讲不合格者经改进后可申请再次试讲，通过后方可授课，由学院统一组织。

（四）课堂教学

"课堂教学是高校教学的基本组织形式，'没有高质量的课堂教学就没有高质量的高等教育，也就没有高等教育的现代化'。"[①]课堂教学是人才培养的主渠道，高校应高度重视课堂教学，围绕提高课堂教学质量，组织制定一系列规章制度，健全课堂教学质量标准。针对课堂教学的质量标准主要包括以下方面。

教师在上课时应向学生讲解课程大纲，明确课程目标，明确支撑毕业要求观测点、课程目标的教学方法、考核方式等，帮助学生从总体上了解该课程的教学环节和要求。教师在每学期开课前，应当以实现课程目标和毕业要求指标点为核心，严格按照教学大纲要求制订授课计划，合理安排讲课、实验、习题、课堂讨论等教学环节的学时、进度，经系主任审核，教学副院长批准后执行。任课教师须依据教学大纲认真备课，精心组织教学内容，教学设计层次清楚，全面把握课程教学的深度、广度和重点、难点。任课教师应深入研究并选择适宜的教学方法和手段，注意探索以学生为中心的教学方法，注重能力的培养。任课教师是课堂教学质量的第一责任人，应注意维持课堂秩序，注重教书育人。任课教师应引导学生明确课程目标，掌握课程学习方法，达成学习目标。课堂教学过程中应及时布置有明确目的和要求的作业，数量适中，作业批改认真、规范，教师应认真做好辅导与答疑工作。任课教师严禁随意调停课，若因公调、停、补课需通过教务系统填报申请，经教学副院长审批方可执行。

课堂教学质量由校院两级教学管理人员、校院两级督导组、系主任、课程负责人、授课教师等负责。开学初，学院应对所有教师的授课计划、备课

[①] 赵作斌,黄红霞.高校课堂教学质量及评价标准新论[J].中国高等教育,2019(8):45.

情况进行检查,对授课计划、备课环节中发现的问题,集体讨论并加以改进。每学期进行教学检查,学院领导随机听课,教学督导全学期督导检查,现场与授课教师沟通,授课教师根据督导意见改进。课程结束后,学生对课堂教学质量进行评价,学院教学指导委员会对课堂教学评价数据的合理性进行审核。学院对学生评教结果和督导组听课情况汇总后与授课教师沟通,帮助教师进一步改进课堂教学。

(五)课程考核

课程考核是检验学生课程学习质量的重要环节,是测度课程目标达成情况的基本依据。加强高校英语教学过程考核,实行形成性考核,根据课程考核结果对课程进行教学效果评估,改进教学内容、模式、过程等。

课程考核的试卷命题、考核内容、考核方式、成绩评定等均以课程教学大纲为依据,考核内容的评价结果反映课程目标的达成情况。考试命题要合理,深度与广度适度,覆盖面要宽,要有代表性;题量适中,与考试时间相匹配。

英语专业课程考试由专业组织统一命题或任课教师单独命题。统考的《大学英语》公共基础课程由学校统一命题、统一阅卷。考试前,教师须提供水平、分量相当的两份试卷,试题必须经过试做,并给出参考答案及评分标准。试题一经确定,不得变更。试题应严格保密,不允许以任何方式泄露试题内容。发现试题泄密时,须及时报告,并按有关规定做好应急处理,对当事人视具体情况作相应处理。

课程考核基本上每学期考核一次。院校两级教学管理部门编制考试安排表,安排监考、巡考人员。考试结束后,任课教师要在规定时间内规范地评阅、复核试卷或大作业、小论文,提交成绩,做好试卷分析,分析达成情况,说明改进方法,并上交学院相关考试归档材料。每学期学校和学院组织试卷抽查,对不符合教学大纲要求的进行督促整改。

（六）实验教学

在英语实验教学条件方面，确保做到实验教学文件齐全，实验教学大纲符合培养方案要求，实验指导书和实验教学任务书规范，指导教师教案完整。

在实验教学管理方面，制定实验教学管理实施细则并执行，按时填报实验教学任务书，编排实验教学课表，并按课表上课；实验教学资料齐全，档案材料规范。

在实验教学过程方面，实验教师及时检查实验预习，有序组织实验教学，实验结束，填写实验记录本；每次实验结束时有考核成绩，考核评分标准明确，评分合理；学生的实验成绩评定客观。

在学生参与实验教学方面，做到学生按要求完成实验准备，顺利完成实验任务，掌握实验内容，提交实验报告，实验结果正确。教师注意培养学生严肃的态度和严谨的作风。

在实验教学考核方面，对学生参加实验的情况认真考勤，并根据学生的学习情况、实验报告质量及考勤情况，实事求是地评定学生的实验成绩。

每学期，实验指导教师制订实验教学日历，系主任检查是否符合课程大纲、是否能够支撑课程目标达成，教学副院长审核确认。通过督导听课记录、实验报告、期中教学检查报告、督导意见及学生反馈等，发现问题及时改进。英语专业教学指导工作小组对实验课程的课程目标达成评价报告及评价数据合理性进行审核。

（七）实习教学

按实习的性质和要求认真拟定实习大纲，并编写实习指导书，制订实习计划，实习结束后学生提交实习笔记、实习报告及实习答辩记录，教师给出实习评语和总成绩。每次实习均组成实习领导小组，全面负责学生安全和实习计划的实施。领导小组和指导教师要教育学生虚心向实习单位的指导教师学习，遵守纪律，注意安全。指导教师在实习过程中深入现场指导学生，有计划地检查学生的实习日志，认真审阅学生实习报告。在实习结束后，指导教师应按学生的实习日志、实习报告、实习单位或实习领导小组的评价材料，辅之以适当的其他考核方式，如考试、答辩等，认真做好学生的实习成绩考核和实习总结工作。

学期初，实习指导教师制订实习教学日历，系主任检查是否符合课程大纲、是否能够支撑课程目标达成，教学副院长审核确认。基于实习教学大纲、实习计划、企业兼职指导教师名单、实习工作交流记录、期中教学检查报告、系主任、督导评价意见及学生反馈等，发现问题及时改进，督导检查发现问题及时反馈。专业教学指导工作小组对实习考核方式合理性进行审核，并基于课程目标达成情况报告并提出改进意见，教师根据反馈意见进行整改。

（八）毕业论文

毕业论文的选题要符合实际、切实可行，并在设计开始前一学期提交审查，近三届毕业论文题目不可重复。学生的毕业论文都必须经过开题答辩、中期检查、毕业答辩等各个环节。

英语专业应选派有教学和科研经验的教师担任指导教师，初次指导毕业设计的教师要由老教师加以指导。指导教师要制定好毕业论文指导书或任务书，明确毕业论文要求，准备有关文献资料，指导学生做好开题及进度计划。毕业论文过程中，教师及时加以有效的指导，通过定期检查、质疑、答疑等方式，全面掌握学生毕业论文的进程，帮助学生解决在毕业论文过程中遇到的问题，加强对学生科学态度和严谨治学作风的培养，杜绝抄袭、代做等不良现象。指导教师要做好毕业论文的审阅、修改、定稿，指导学生做好答辩准备，认真填写毕业论文指导教师评语。

指导教师须根据毕业论文大纲的要求，统计汇总学生各项课程目标的达成情况，并提交至系主任。由系主任汇总统计所有学生的各项评分，形成毕业论文课程目标达成情况分析报告，分析持续改进效果，提出持续改进意见。

根据毕业论文教学大纲、指导工作手册、题目一览表、中期检查记录、毕业答辩分组表等质量标准要求，由学院组织在毕业论文中期检查、答辩等环节进行抽查，对于发现的问题及时整改解决。专业教学指导工作小组负责对毕业论文的考核数据合理性进行审核，负责对课程目标达成情况报告进行审核并提出改进意见，教师根据反馈意见进行整改。

二、教学质量保障结构体系

进入新时代，党和国家在进一步落实和扩大高校办学自主权的同时，对高校完善多元参与的内部治理结构、建立健全内部质量保障体系、加强质量建设等方面提出了一系列要求。全国高校坚持立德树人根本任务，不断完善和优化教学质量保障体系，建立了比较完整的质量保障结构体系，如同济大学"全方位监控、本研全覆盖、多阶段跟踪、持续改进"质量保证体系、南昌大学"点、线、面、体"全链条多维度 IQA 体系等[1]。总体而言，高校教学质量监控体系涵盖目标确定、主要教学环节和教学改革与建设工作的质量标准的建立、教学规章制度建设、信息的收集整理与分析、评估与评价、信息反馈与调控等环节，主要由目标决策系统、质量标准与规章制度系统、信息收集与处理系统、评价与诊断系统、信息反馈调控系统等组成。

（一）目标系统

教学质量保障体系的目标系统主要由高校办学指导思想、办学定位、人才培养目标和基本规格要求、各主要教学环节的质量标准构成。围绕教学活动的各个环节、教学改革与建设的各项主要工作，根据高校人才目标定位、学科专业发展定位以及服务面向定位，遵循教育教学规律，以教育教学质量为核心，制定各主要教学环节和专业建设、课程建设等主要教学改革与建设工作的质量标准，并使其制度化、规范化。

（二）决策指挥系统

教学质量保障体系的决策指挥系统由高校党委常委会、校长办公会、教学指导委员会等组成，负责保证正常的教学秩序，是教学质量保障体系的中枢。决策指挥系统的职能主要包括：明确质量目标，确定监控内容，设定监

---

[1] 李亚东,朱伟文,张勤.主编.中国特色高校质量保障体系的探索:CIQA 成立大会暨经验交流会案例集[Z].上海:同济大学出版社,2020:3-129.

控环节，制定或调整政策措施与主要监控环节的质量标准，对全校教学目标和教学过程进行调控，对教学重大问题进行决策。决策方案由相关职能部门组织专家拟定后，提交有关工作委员会审议，由高校党委常委会、校长办公会决策，由相关职能部门组织实施。

（三）运行管理系统

教学质量保障体系的运行管理系统由校、院、系三级教学管理机构组成。职能主要包括：组织落实各项决策任务，协调教学运行过程中出现的问题，统计分析执行结果，总结成功经验，提出改进措施，及时汇报、反馈信息。

（四）信息收集处理系统

教学质量保障体系的信息收集处理系统由信息收集、评价与诊断两个子系统组成。其中，信息收集子系统由学期初、期中、期末教学检查制度，校、院两级领导干部听课制度，教学督导制度，教学信息学生联络员制度，同行听课制度等组成。信息收集子系统负责收集、存储、分析、处理并定期发布与教学工作有关的信息，是教学质量监控体系的重要组成部分。根据教学管理规章制度、各主要教学环节的质量标准和各项评估方案，对主要教学环节的教学质量进行系统、有效的监督检查，收集、分析、处理各种教学信息，把教学评价过程融入日常教学管理，形成长效机制。信息收集工作由教学评估中心、教务处、学生处等职能部门和各学院、督导组等具体实施。

评价与诊断子系统由各主要教学环节的质量标准以及院（系）教学工作评价、专业评估、课程评估、实验教学质量评价、实习教学质量评价、教师课堂教学质量评价、毕业论文质量评价、试卷质量与管理评价、学生素质综合测评、毕业生质量跟踪调查等构成。根据高校或相关职能部门的质量管理计划，定期评价和诊断教学及与教学有关的活动的输入、过程和结果，是对学院教学工作水平、教学质量和人才培养质量结果的综合评价，是整个质量监控体系的落脚点。

（五）反馈调控系统

教学质量保障体系的反馈调控系统由信息反馈和调控两个子系统组成，其职能是对信息收集处理系统收集到的教学问题进行深入分析，并准确、全面、快速地反馈到运行管理系统，为其做出正确决策提供可靠依据。反馈调控具体工作由教学评估中心、教务处、人事处、学生处、督导组及各教学单位分别负责，该系统的正常运行是整个质量监控体系的有效保证。

为了保证各教学环节的正常运行，学院在严格执行学校有关教学质量保障及监控规范的同时，根据实际建立学院教学质量监控体系。整个体系自顶向下分为三个层次：专业人才培养目标、专业毕业要求、专业课程体系。专业人才培养目标是人才培养的最顶层设计，包括专业人才培养目标的制（修）订、合理性评价分析和达成评价分析，评价过程需要对毕业生、用人单位等利益相关方进行跟踪调研分析。专业毕业要求承上启下联系着专业人才培养目标和专业课程体系，是学生毕业时应具备的能力要求，包括专业毕业要求的制（修）订和达成评价分析，评价过程需要对在校生进行跟踪调研分析。专业课程体系直接作用于学生主体，是决定学生学习成效的关键因素，基于学习成效的课程目标达成情况评价是教学质量监控和毕业要求达成评价的基础和依据。

三、教学质量保障组织与制度体系

高校教学质量保障组织体系主要由领导机构、管理与执行机构、监督与反馈机构等组成，整个组织体系做到分工明确、责任到人，保证各项教学工作的顺利实施、达成教学目标。高校教学质量保障制度体系涵盖教学改革与建设、教学运行、质量监控等各个方面，全面保证教学工作有章可循、有序运行。

（一）组织建设

一是教学质量保障的领导机构。高校的教学质量保障工作领导机构由分管教学副校长和教学评估中心、教务处、研究生院、人事处、学生处等职能部门主要领导组成。领导机构负责明确质量目标，确定监控内容，设定监控环节，制定或调整政策措施与主要监控环节的质量标准，对学校教学目标和教学过程进行调控，对教学工作重大问题进行决策。

二是教学质量保障的管理与执行机构。教学评估中心是教学质量监控的管理机构，负责保证教学质量监控体系的有效运行。教务处、研究生院、人事处、学生处等相关职能部门，学院党政联席会议，教学科研办公室等负责教学质量监控的具体执行。管理与执行机构负责根据高校教学管理规章制度、各主要教学环节的质量标准、教学评估方案等，对主要教学环节的教学质量进行系统、有效的监督检查，收集、分析、处理各种教学信息，把教学评价融入日常教学管理，并形成长效机制。

三是教学质量保障的监督与反馈机构。教学评估中心、教务处、研究生院、各学院教学科研办公室是校、院两级监督与反馈机构，负责对反馈、收集的教学信息进行深入分析，并准确、全面、快速地反馈给管理与执行机构，及时改进教育教学工作。教学质量监督主要包括日常监督、定点监督、公众监督等。教学质量监控信息反馈的途径主要有：教学会议、教学文件、教务管理信息系统、校园网、教学质量邮箱、信访邮箱等。

（二）制度建设

"大学教学管理制度具有制度的一般功能，也具有自身的特殊功能。从一般功能上说，大学教学管理制度的生成和实施具有秩序功能——形成某种教学秩序，保障大学教学活动和谐有序。从特殊功能上说，大学教学管理制度的生成和实施具有发展功能——促进学生个性发展、自由全面发展和辩证发展。"[1] 高校应制定健全的教学规章制度，涵盖教学改革与建设、教学运行、质量监控等各个方面，并在教学工作中严格执行，推进教学改革与建设。制定完善教学基本规范、教学事故认定及处理办法、课程考试管理规定、学籍

---

[1] 李枭鹰,何文栋. 论大学教学管理之制度依赖的内在逻辑[J]. 现代教育管理,2021(3):104.

管理实施细则、教学奖励办法、教学督导工作管理办法等，进一步规范教学运行过程。制定实验室工作条例、实验教学管理办法、实习工作管理办法等，全面保障实践教学质量。

制定院（系）教学工作评价方案，建立院（系）评估制度；制定课堂教学质量学生评价办法，建立课堂教学质量评价制度；制定教学督导工作管理办法、党政管理干部听课制度管理办法等，加强教学质量监控；制定毕业论文质量评价方案、一流课程评价方案、实习教学质量评价方案、实验教学质量评价方案、课程考试试卷质量与管理评价方案等，完善各教学环节的质量标准，实现对教学质量关键环节的监测与管控。

四、教学质量管理队伍建设

目前，高校教学质量管理主要分为校、院、系三级，即"校领导—教学工作委员会—教务处、研究生院"为校级管理，负责宏观引导和调控；"院长—分管教学和学生的副院长—学院教学指导委员会—教科办—团委办公室"为院级管理；"专业教学指导小组—系主任—教师"为系级管理，负责具体的教学管理事务、教学实施和监督检查。高校应不断加强教学管理队伍建设，建立一支结构合理、队伍稳定、素质高、服务意识强的教学管理队伍，增强教学质量管理人员的管理育人、服务育人意识，促进教育教学质量的提高。

从总体上看，高校的教学质量管理队伍由校长、主管教学副校长、教务处处长、研究生院院长、分管教学工作副院长、教学秘书、教务员以及教学指导委员会委员、教务处和研究生院工作人员、校院两级督导员等组成。教务处、研究生院分别主管全校本科和研究生教学工作，在教学计划、运行、资源建设上负主要责任。教学评估中心负责教学质量管理日常事务。学院的教学科研办公室作为教学质量保障机构。校院两级教学督导由具有高级职称、良好师德、高度责任感、丰富教学经验的退休教师和在岗教师担任。

教学质量管理人员应坚持"管理即服务"的理念，积极为广大师生服务。在工作中，以教师和学生为主体，以学院教学工作为重心，做到积极主动、热心耐心、诚心细心、优质高效。各级教学质量管理人员，应主动深入教学第一线，了解教师教学和学生学习情况。严格执行高校教学管理规章制度，规范办事流程，讲究办事效率与质量。此外，教学质量管理人员还应结合工作实际，围绕人才培养模式、专业与课程建设、专业人才培养方案、实验教学条件及管理、教学及管理技术应用、教学运行机制、教学质量管理及评价、教育改革和发展、学分制改革、创新创业教育等问题深入研究，并主动将研究成果应用到教学质量管理工作中，增强教学质量管理的科学性和规范化，促进管理质量和教学质量的提高。

第二节 高校英语教学质量监控机制

建立自我完善、自我约束的教学质量监控机制是高校英语教学质量控制的重要保证。高校应坚持从严治教，把外部评估和内部评估结合起来，建立健全教学过程质量监控机制，明确各主要教学环节的质量要求，定期开展教学过程质量监控与教学质量评价。通过教学环节的监控、考核、评价促进毕业要求的达成，定期进行课程体系设置、课程目标达成情况和课程质量评价；建立毕业要求达成情况评价机制，定期开展毕业要求达成情况评价。

一、高校教学质量监控制度

（一）教学检查制度

高校的教学工作检查可分为定期检查和不定期检查。其中定期教学检查包括学期初教学检查、期中教学检查和期末教学检查。每学期开学进行学期初的教学检查，主要检查开学初的各项教学准备工作，如教师到岗情况、落实课程表发放情况、学生注册情况、教室准备情况、实验室及仪器准备情况、教材到位情况、教学秩序情况等。每学期组织开展期中教学检查，了解教学运行基本情况，检查教风和学风，主要检查课堂教学情况、实验教学情况、实习教学情况、教研活动开展情况等。每学期结束前进行期末教学检查，对考试安排、考风考纪以及学生成绩评定等工作进行专项检查。

（二）教学会议制度

高校党委常委会、校长办公会定期研究部署教学工作，对教学工作重大问题进行决策，解决教育教学中的重点难点问题。建立教学例会制度，定期召开教学例会，学习研究上级有关教育教学改革的文件精神，了解教学工作的基本情况，协调解决工作中的问题，部署教学重点工作，加强对教学过程的管理和监控。定期召开全校教学工作会议，对教学工作进行总结和部署。各学院定期召开党政联席会议，专题研究本单位的教学工作。

（三）领导干部听课制度

通过领导干部听课，及时了解和掌握教学工作动态，处理教学运行过程中的有关问题，形成党政各级领导重视教学、服务教学的良好氛围。校级党政领导干部、教务处、研究生院、学生处、人事处、团委等职能部门的管理干部，各学院院长、书记、副院长、副书记每学期都要按照规定的听课次数听课，及时发现教学工作存在的问题并反馈解决。

（四）教学专项质量评价制度

认真执行并不断完善人才培养方案、课程教学大纲以及专业建设、课程建设、课堂教学、实验教学、实习教学、毕业论文、考试等各主要环节的质量标准。根据教学管理规章制度和各个教学环节的质量标准，定期组织开展教学专项质量评价工作，主要包括：课程考试试卷质量评价、实验教学质量评价、实习教学质量评价、毕业论文质量评价等。

（五）课堂教学质量评价制度

"课堂教学评价是教学质量管理的关键内容，直接关系到课程的教学理念、教学模式和教学方式,最终影响到人才培养质量。"[1] 目前全国高校关于高校英语课堂教学质量的评价主要采用三种方式。一是学生评价。根据课堂教学质量学生评价指标体系,每学期组织学生对任课教师的课堂教学质量进行评价。二是同行评价。以专业或系(教研室)为单位,组织开展同行评价工作,实现同行评价每学年全覆盖。鼓励教师之间互相学习、互相激励、共同提高。三是督导(领导)评价。组织开展课堂教学质量督导评价工作,实现督导评价每学年全覆盖。学校督导负责对学校的整体教学状况进行调查、研究和分析,检查、指导全校教学工作的各个环节,提出意见和建议,做好评教工作。学院教学督导负责对本学院教师的课堂教学质量进行评价,并及时做好信息反馈工作。

(六)学风和考风检查制度

通过组织教学检查、召开师生代表座谈会、教学督导组调查等途径,多渠道收集信息,掌握学生的思想动态和学风状况。教师在日常教学中严格考勤,加强课堂教学秩序管理。考试过程中,学校成立校级考试检查巡视组,学院成立院级考试检查巡视组,加大监考、巡查力度,同时教育学生以诚信的态度面对考试,树立优良考风。

(七)教学状态数据库监控制度

充分利用高等教育质量监测国家数据平台,及时统计、分析师资队伍、学科专业、人才培养、学生发展、教学管理、质量监控等方面的信息,对采集的数据进行认真分析,及时掌握英语专业建设水平、教学过程运行、人才培养质量、科学研究水平和社会服务能力的发展状况,充分发挥其对教学运行和质量保障的监控作用。

---

[1] 刘坚,黄钰莹,颜李朝. 课堂教学评价数据挖掘与分析[J]. 湖南师范大学教育科学学报,2019(2):118.

（八）人才培养质量分析制度

按照"生源质量—培养质量—毕业生质量"的教学质量全程跟踪评价理念，从生源质量、教师课堂教学情况、考试、毕业生就业情况和就业质量、毕业生社会满意度等方面，组织开展英语专业人才培养质量分析工作。主要包括：招生质量报告、教师课堂教学质量测评成绩汇总、督导听课工作总结、年度教学质量报告、年度专业人才培养状况报告、年度就业质量报告等。

（九）毕业生意见反馈制度

学校和学院通过分别组织召开座谈会的方式就专业设置、课程建设、教学内容、教学方法等问题征求毕业生意见；通过多种途径收集校友对学校教学工作的意见和建议；通过发放毕业生跟踪调查函，了解毕业生在用人单位的表现。

（十）教学评估制度

根据上级主管部门要求，由评估中心、教务处、研究生院、人事处、学生处等相关职能部门和各学院共同组织做好教学评估工作。主要包括：制定教学评估工作计划，开展自评工作，迎接专家进校评估，根据评估意见制定整改措施，并做好质量改进工作等。

二、英语专业内部质量评价机制

（一）课程体系合理性评价

课程体系的设置着眼于专业人才培养目标。高校通常以专业人才需求为导向，综合考虑新时代国家社会经济发展的需要、高校人才培养总目标、学生发展期望和能力培养要求等因素，组织制订或修订专业人才培养目标。根据专业人才培养目标，设置毕业要求，细化毕业要求观测点，强化学生能力达成。根据经济社会发展需求和高校人才培养总目标，结合本专业人才培养目标，为达到毕业要求设置课程体系。

课程体系的设置须科学规范。高校应当遵循专业建设规范，抽取知识构建专业知识体系，并实时融合技术演进设计课程体系，建立合理的课程体系评价和制订修订机制，实现课程体系的持续改进。在充分调研基础上，综合考虑社会发展对人才需求的变化、学科专业建设发展等情况，适时修订课程体系。一般而言，根据专业人才培养方案的修订，对课程体系进行一次整体修订，在此期间，可对于课程体系进行局部微调。

课程体系修订的基础是课程体系合理性评价。课程体系评价的标准及依据主要包括毕业要求达成情况评价报告、课程教学大纲及课程目标达成情况评价报告、行业企业专家评审意见、毕业生跟踪调查报告等。根据毕业要求达成评价分析情况，采用调查问卷结合访谈的形式，吸收教师、在校生、毕业生、外校同类专业、用人单位、行业企业专家等对毕业生知识、能力和素质评价的建议，以及应届毕业生的反馈意见，对现行课程体系进行合理性评价并提出修订方案。系主任和专业建设负责人汇总收集的课程体系合理性评价依据，对课程体系合理性进行评价，形成课程体系合理性评价报告，将评价结果提交给学院教学指导委员会审议。审议通过后，专业教学工作指导小组将评价结果应用于课程体系的修订，不断提升人才培养质量。

课程体系合理性评价可以从两个维度进行。一是对课程体系的总体合理性评价，即评价课程体系设置能否保证毕业要求的达成，先修后修课程是否关系明确、衔接合理，课程学分及学时安排是否合理等。二是评价课程体系对毕业要求观测点的支撑，包括单个观测点的支撑情况和单门课程支撑观测点的情况。其中单个观测点的支撑情况，主要看课程对观测点的支撑强度是否足够、各门课程的支撑强度设计（权重）是否合理；单门课程支撑观测点的情况主要看课程目标与观测点的对应是否合理、课程内容设置是否形成了对观测点的有效支撑等。

课程体系合理性评价采用内部评价和外部评价相结合的评价方法。一是内部评价，通过召开座谈会等形式，收集授课教师、在校学生、应届毕业生等对课程体系合理性评价的意见和建议。二是外部评价，通过发放调查问卷、座谈、走访等形式，向外校同类专业、用人单位、行业企业专家、毕业校友等有关各方了解人才需求状况、用人单位对毕业生能力知识结构等方面的新要求，了解本专业毕业生的工作表现、发展状况，以及有关各方对毕业生知识、能力和素质评价与改进的建议。

　　课程体系合理性评价由英语专业系主任带领专业教学工作小组完成，包括专业课程体系调研、调研结果统计分析、组织行业企业专家研讨、组织专业教师研讨、课程体系制（修）订、课程教学大纲制（修）订等工作。课程体系合理性评价工作的组织与实施主要包括四个环节。首先，专业教学工作指导小组设计调查问卷，向教师、外校同行专家、在校学生、行业企业专家、毕业校友等发放调查问卷或组织上述人员代表参加座谈会，收集并整理调查信息与数据，形成课程体系合理性评价调查报告。其次，专业教学工作指导小组根据课程体系合理性评价调查报告，充分考虑社会发展对人才需求的变化、学科专业建设发展等情况形成课程体系修订的思路与内容。第三，针对形成的新版课程体系初稿，召开由教师、高校同行专家、在校学生、行业企业专家、毕业校友等代表参加的座谈会，或走访用人单位听取意见，对培养方案中课程体系的布局、定位、任务、开课时间、课程比例、支撑权重等方面进行合理性评价和研讨，并将相关意见整理形成课程体系初稿论证报告。明确课程目标，实现课程目标对毕业要求观测点的有效支撑。通过对专业课程体系与毕业要求间的关系进行分析，建立课程体系与毕业要求支撑关系矩阵，以确保各项毕业要求的有效达成。最后，专业教学工作指导小组根据培养方案课程体系初稿的论证报告，修改完善，形成培养方案的课程体系建议稿，纳入培养方案建议稿，报送学院教学指导委员会审议。学院教学指导委员会审议后，报学校教学指导委员会审议通过后，形成新版培养方案课程体系。

（二）课程教学大纲合理性评价

　　专业人才培养方案修订完成后，在课程体系优化调整的基础上，要进行课程教学大纲的修订。课程教学大纲修订的基础是教学大纲的合理性评价。在修订课程教学大纲时，由各学院根据学校关于修订课程教学大纲的指导意见、学科专业发展优势和特点、专业认证标准的要求，并充分吸收相关专家的建议，组织进行充分的调研与讨论。课程教学大纲的修订由专业教学工作小组组织，课程负责人具体实施。

对于课程教学大纲合理性评价的方法主要包括：课程组教师调研分析与研讨、教学督导听课反馈、学生反馈等。系主任组织课程负责人编制或修订教学大纲，经专业教学工作小组讨论审核后，提交学院教学工作委员会审核通过后，报学校教务处备案后实施。课程教学大纲的修订跟随专业人才培养方案的修订进行，一般以人才培养一个周期为期限进行修订，在课程教学大纲的实施过程中，也可以根据需要进行微调。

（三）课程目标达成情况评价

课程目标达成情况评价是评价毕业要求达成情况的基础环节，只有课程体系中的每一门课程达成课程目标，整个课程体系才能支持毕业要求，从而最终实现专业人才培养目标。

英语专业人才培养方案中的课程都需要进行课程目标达成情况评价，主要包括通识必修课程、专业基础课程、专业核心课程、实践环节等所有支撑毕业要求的课程。对于参加课程目标达成情况评价的课程，选取修读该课程的整个年级学生的学习成果作为评价对象。

课程目标达成情况评价主要从两个维度收集评价数据。一是采用成绩评价法收集数据，主要包括与课程目标所对应的所有考核环节的学生成绩和达成度值，范围涉及修读该门课程的全体学生。成绩分析法的数据收集方法是由任课老师、指导教师以及实验教师根据课程目标对应的考核环节，参照教学大纲及评分标准对学生的课程完成情况和学习质量给出成绩，并形成记录文档。二是采用问卷调查法收集数据，包括修读本课程学生的课程目标问卷调查的评价分值。问卷调查法的数据收集方法是通过向本课程学生发放调查问卷的方式收集。

采用成绩评价法进行课程目标达成情况评价，是以试卷、平时作业、实验报告、课堂表现等作为评价依据，计算出课程目标的达成度评价结果。基于问卷调查的课程目标达成度评价，是根据课程教学大纲，针对课程目标编制调查问卷，在课程结束时发放问卷进行调查并统计结果。课程目标达成情况评价数据的来源主要包括五个渠道。一是考试课程，包括学生课堂表现记录、作业、实验报告、考试成绩、过程考核等。二是实验教学，主要包括实验报告成绩、实验日志等。三是实习教学，包括实习记录及评语成绩、实习报告成绩、实习答辩成绩等。四是毕业论文，包括开题报告成绩、中期报告成绩、资料翻译成绩、指导教师评阅表成绩、评审教师评语表成绩、毕业论文答辩成绩等。五是课程目标达成情况调查表，主要面向通过问卷调查法收集评价数据。

课程目标达成情况评价由课程组负责，评价周期为一年。英语专业负责人负责汇总整理所有课程目标达成情况评价，做出专业每学期课程目标达成情况评价改进报告，由专业教学指导工作小组和学院教学指导委员会审核。课程目标达成情况评价的结果作为改进课程教学方式和考核方式、加强条件建设、提升师资队伍水平的重要依据。

（四）毕业要求达成情况评价

针对应届毕业生，每年组织进行一次毕业要求达成情况评价。毕业要求达成情况评价以课程目标达成情况评价为评价依据。评价数据来源于英语专业全体学生参与的且对毕业要求观测点有支撑作用的理论课程、实验课程、实践课程等教学环节的课程目标评价结果，具体数据包括课程试卷、作业、实验报告、实习报告、毕业论文、答辩记录以及学生调查问卷等材料。

毕业要求达成情况评价方法采用直接评价（课程考核成绩分析）和间接评价（问卷调查）两种方法。直接评价是基于相关教学活动对学生的考核结果，按照课程目标统计与学生能力表现相关的考核成绩，计算毕业要求达成情况，并据此持续改进教学工作的过程。采用直接评价法进行毕业要求评价，首先分解观测点，确定课程目标对观测点的支撑关系并赋权重值；其次，专业负责人对每门课程和实践环节的考核合理性进行评价；最后，采用试卷分析和调查问卷相结合的方法得到各门课程的课程达成度分析报告。间接评价是针对应届毕业生、往届毕业生和用人单位，开展问卷调查，然后统计调查报告并计算达成情况的过程。间接评价主要采用问卷调查的形式开展，主要获取受访者对本专业设置的毕业要求达成情况的意见。学院教学指导委员会负责制定调查评价机制，包括确定样本对象、设计问卷、审查和评价调查结果。各专业定期对毕业生以及用人单位进行问卷调查，并撰写调查报告。

毕业要求达成情况评价通常以直接评价为主、间接评价为辅，两种评价方法相结合，主要包括以下程序：一是确定支撑毕业要求观测点相关的教学环节及权重；二是依据相关教学环节的课程目标，评价计算毕业要求观测点评价值，并取观测点评价值中的最小值为该项毕业要求评价值；三是对毕业要求的达成情况进行直接评价；采用调查问卷，进行毕业要求达成情况间接评价；四是结合直接评价和间接评价，明确给出毕业要求是否达成的结论。

学院教学指导委员会负责对毕业要求达成情况的评价工作组织论证、审核，并提出修改意见，保证毕业要求达成评价的质量。专业教学工作指导小组具体组织并实施毕业要求达成情况评价，对直接评价数据和间接评价数据进行分析、处理，形成毕业要求达成评价结果，评价结果用于专业持续改进。专业教学工作指导小组根据评价结果分析各毕业要求达成的短板，讨论并提出改进措施，将评价结果用于专业持续改进，报教学指导委员会审核备案。系主任或专业负责人负责组织问卷调查、收集相关信息。

三、高校英语课堂教学质量评价

课堂教学是育人的主渠道。对教师的课堂教学质量和教学水平给予合理的阶段性评价，有助于任课教师了解其课堂教学水平和教学效果，不断改进教学设计，促进教学内容和教学方法改革，进一步提高课堂教学质量；有助于为高校教学管理部门和各教学单位制定提高课堂教学质量的政策和措施提供客观依据。"传统的课堂教学质量评价多为'评教'或'评课'，是对'教'的评价，其评价指标一般包含教学态度、教学内容、教学过程、教学方法、教学效果等，主要是针对教师'教'的行为设定的评价指标，而少有与学生学习行为相关的评价指标。评价标准大多针对单边的教师知识传授活动，如教师教案的设计、教学内容的安排、教学方法的选择、普通话、板书设计以及多媒体使用情况等,而很少有项目指标涉及对学生学习活动的评价。这种课堂教学质量评价是传统教学质量观的反映,背离了课堂教学及其质量评价的本质。"①

(一)教师课堂教学质量评价组织

课堂教学质量评价从学生评价、同行评价、督导评价三个层面组织实施。一是学生评价。"学生评价是课堂教学质量评价体系的核心内容,是学校教学质量监控和内部教学质量保障体系的重要组成部分。"②教务处负责课堂教学质量学生评价系统的技术维护与管理,负责网上评价数据统计及监控,并将评价结果及时反馈到学院。学院负责做好课堂教学质量学生评价的相关宣传工作,组织、督促学生在规定时间内完成评价。二是同行评价。同行评价工作由教务处领导,由学院组织实施。学院以专业或系(教研室)为单位组织同行教师听课,听课教师与授课教师之间原则上应为讲授同门(或同类)课程的教师,鼓励教师加强交流。三是督导评价。督导评价工作由教务处领导,教务处和各学院共同组织实施。各学院由教务处委派一名校级督导进行听课和评价工作,校督导应及时将相关工作情况反馈给教务处。各学院教学督导组在本学院课堂教学质量评价工作小组的领导下,组织实施督导评价工作。

(二)教师课堂教学质量评价操作

课堂教学质量学生评价、同行评价、指标体系和督导评价指标体系由教学理解、教学态度、教学过程、教学效果、教学特色等指标组成。"目前,大部分学校的课堂教学质量评价分析的问题突出表现在两方面:一方面,评价指标体系中各个评价指标均采用相同权重,无法刻画各项指标对评价结果影响的差异程度。利用模糊、单一等特点的传统评价指标体系进行评价,会

---

① 赵作斌,黄红霞.高校课堂教学质量及评价标准新论[J].中国高等教育,2019(8):47.
② 燕姣云,安俊丽,孙国红.课堂教学质量评价指标体系重构[J].中国大学教学,2023(12):75.

导致课堂教学评价结果可信度的降低,也为进一步挖掘教学评价数据设置了障碍。……另一方面,在对最终评价结果的判定上,往往粗略地采用分数划段的方法区分为优、良、中、合格、不合格等等级,如 90 分以上为优等。这样的等级划分方法没有充分考虑到全部课程的总体水平,无法显示各门课程的教学质量在所有课程中的相对地位,评判失之偏颇。"[1] 目前高校课堂教学质量评价最主要的难点就是评价指标能否正确地展示课堂教学的真实水平,全国高校也尚未形成真正科学合理的评价指标体系,仍是由各个高校针对本校的实际情况,相对独立地开展课堂教学质量的评价。近年来,复旦大学、同济大学、吉林大学等开展了课堂教学质量评价指标体系的探索,具有一定的启发作用。

(三)教师课堂教学评价结果处理

教务处在每学期初将上学期的学生评价结果反馈给各学院,各学院将评价结果反馈给教师本人,同时,各学院将同行评价结果、督导评价结果反馈给教师本人。每学年初,教务处将上学年教师课堂教学质量测评总成绩反馈给各学院,由各学院反馈给教师本人。学校督导组、各学院重点关注评价成绩较差的教师,采取必要措施帮助教师改进和提高教学质量。各学院将每学期教师课堂教学质量评价结果记入教师教学档案,并与教学酬金、职称晋升、岗位聘任、教学评优等挂钩。

第三节 高校英语教学质量改进机制

质量是立校之本,是高校发展的生命线。建设高校英语教学质量改进机制,是不断提高人才培养质量、促进高等教育持续发展的重要保证,同时对推进高等教育内涵式发展具有重要意义。

---

[1] 刘坚,黄钰莹,颜李朝. 课堂教学评价数据挖掘与分析[J]. 湖南师范大学教育科学学报,2019(2):119.

一、学校层面的质量诊断与改进

一是健全机构,明确责任,保证质量改进。把全面提高教育教学质量放在教学工作的第一位。教学评估中心协同教务处、研究生院、学生处、人事处等部门,具体负责教学质量及其改进的管理工作。教学督导员在教学质量监督的基础上,指导质量改进工作。学院教学副院长、教学秘书、教务员等负责学院教学质量改进工作。

二是建立教学工作会诊制度,把脉质量改进。定期组织召开全校性的教学工作专题会议,专门研究解决本科教学建设和教学质量问题,探讨提高教育教学质量的途径和良策。通过教学工作例会、教学督导员会议等,分析和解决教学运行中的质量问题。通过开展课堂教学质量测评、实验、实习、试卷、毕业论文质量评价,与定期、不定期的教学检查相结合的方式,严格本科教学过程管理,进一步提升教学质量。

三是加强教学研究与教学改革,推动质量改进。教研制度是中国特色的教学管理和教学质量保障制度,"是我国课程教学改革的重要支撑力量"[1]。通过国家级、省级、校级、院级教学改革研究项目的实施和专业综合改革等教学质量工程的推进,更加重视学生的学习主体地位,倡导启发式、探究式、讨论式、参与式教学,努力实现从注重知识传授向更加重视能力和素质培养的转变,不断提高教学质量。

四是完善激励与约束机制,促进质量改进。"保证教学激励具有相对优势,这样教学激励政策才能真正发挥引导作用,实现教学质量的提升。"[2] 制定教学工作奖励办法,每年列支专项经费对在教学和教学管理工作中做出突出成绩的教师和管理人员进行奖励,对教学拔尖人才和优秀教学团队进行资助。在年度绩效考核中充分考虑教师在教学研究与教学改革、专业建设、课程建设、实践教学和教学管理方面所取得的成绩。在职称评审和聘任中,严格教

---

[1] 朱永新. 教研制度:强国建设的教育基石[J]. 教育研究,2024(1):83.
[2] 李楠,陶政宇. 教学奖励可以提升教学质量吗?——基于63所高校的实证研究[J]. 开放教育研究,2021(6):59.

学事故当年"一票否决制"和师德"一票否决制"。

五是强化教师教学能力培养，提升质量改进。组织开展教师培训和教学咨询等工作，提升教师教学能力。通过邀请教育专家、教学名师等开展教学培训，提高教师教学实践能力，拓宽教师视野。实施青年教师教学能力培养计划，发挥老教师的"传帮带"作用，帮助青年教师提升教学水平。实施青年教师教学拔尖人才培养计划、优秀教学团队建设计划，培养拔尖教学人才。

六是加强教学督导工作，监督质量改进。加强校、院两级教学督导队伍建设，修订督导管理办法，充分发挥督导对课堂教学质量的监督作用。通过日常听课评课、专题调研、召开座谈会等形式，督促并帮助任课教师改进教学方法、提高课堂教学效果。

七是加大经费投入，保障质量改进。按照"积极筹措教学经费，优先保障教学投入，不断改善教学条件"的原则，合理配置教育教学资源，建立教学经费投入优先保障机制，保证教学日常运行经费和教学基础设施改造专项经费投入，学校生均教学经费逐年增长，为提高人才培养质量提供坚强的条件保障。

二、专业层面的质量诊断与改进

适应经济社会发展对人才培养的新需求，更新人才培养理念，加强英语专业内涵建设。构建"校—院—系"三级教学过程质量监控机制、学生学习效果形成性评价机制、毕业生跟踪反馈机制，形成针对人才培养目标、毕业要求、课程体系、教学过程等全方位的持续改进架构，确保人才培养质量持续提升。

英语专业每年定期进行专业需求调研、就业市场分析、毕业生跟踪调研，用人单位满意度调查、学生能力测评情况分析、学生学业情况分析，撰写调查分析报告，作为修订人才培养目标、毕业要求、课程体系和课程目标的依据。根据高校专业建设规划，结合专业类教学质量国家标准，编制专业年度建设计划。根据建设计划进行专业自主诊断，形成专业诊断报告，根据自我诊断情况，调整专业建设内容，促进专业可持续发展。建立完善的专业质量持续改进机制，以确保相关评价结果、意见和建议能够及时反馈，并实现专业学生培养工作的持续改进。具体的评价方法主要包括：培养目标合理性评价、培养目标达成情况评价、毕业要求达成情况评价、课程体系的合理性评价、课程目标达成情况评价等。

在专业诊断与改进中，运用数据平台，实时采集专业运行状态数据，监测专业建设、专业资源配置、人才培养方案执行状态，形成专业层面质量改进螺旋，在对数据统计、分析的基础上，及时诊断与改进。

三、课程层面的质量诊断与改进

一是课程教学内容的持续改进。规范高校英语教学内容，任课教师须严格按照课程教学大纲组织教学内容，向学生介绍课程目标、课程目标与毕业要求观测点的对应关系、章节内容与课程目标的关系以及该课程培养学生的能力和素质要求。在授课内容中尽量体现专业前沿发展动态。通过同行评价、督导评价两个层面对课程教学内容进行评价、考核，实现本学年同行评价、督导评价全覆盖，并将评价结果及时反馈给任课教师，督促其完成持续改进。

二是课程教学方法的持续改进。以学生能力培养为主线，促进英语专业和高校英语公共课教师积极开展教学改革。鼓励教师积极采用信息化手段丰富课堂教学，加强与学生的学习交流互动。推动教师通过网络教学平台开展线上线下混合式教学，发挥签到、章节测试、课堂讨论、课堂互动等在线功能。丰富教学手段和教学方法，采用翻转课堂等教学方式，提升学生自我学习能力，提高教学效果。加强教学资源库建设，发挥辅教辅学功能。利用超星学习通、智慧树、中国大学MOOC等强化信息技术与教学深度融合，加强师间生线上线下互动交流。增加过程考核的权重，注重加强学生的能力培养。采用QQ群、微信等手段及时与学生沟通交流，及时发现教学中存在的问题。

三是课程考核方式的持续改进。课程考核针对课程目标所支撑的不同能力，采用试卷考试、作业、实验、测验讨论等多种形式，探索多元化、多维度、多环节的非标准化考核评价方式。任课教师在熟悉人才培养目标、毕业要求达成情况评价的基础上，结合对课程目标达成情况的深入分析，有针对性地在各个教学环节上发现学生能力培养存在的问题，并提出改进意见，进而不断提升课程教学质量。

四、教师层面的质量诊断与改进

首先，把教学工作和提高学生培养质量放在首要位置，尊重学生的发展意愿，真正做到"以学生为中心"。在修订专业人才培养方案、制定毕业要求、优化课程体系、修订课程教学大纲、确定课程目标时，听取学生的意见和建议，不断改进教学工作。

其次，引导教师定期开展教学质量自主诊断与改进工作。通过综合学生、教师、督导等多方评价，对于教师的课堂教学质量作出综合评价。在此基础上，教师正视自身教学工作存在的问题与不足，结合自身实际情况与发展目标，制订切实可行的改进计划与改进措施，通过持续地自我诊断与改进，不断改进教学，提升教书育人能力。

最后，在薪酬分配、职称晋升、岗位竞聘等方面，建立与教师发展相契合的激励制度和质量保证措施。通过制定科学合理的评价标准与程序，加强对评价过程的监督与管理，确保评价工作的公正性与客观性。同时，将评价结果作为教师薪酬分配、职称晋升、岗位竞聘等重要依据，进一步激发教师的积极性与创造力。在教师培训方面，注重培训的针对性与实效性，通过组织各类专业培训、教学研修等活动，不断提升教师的专业素养与教学能力。

五、学生层面的质量诊断与改进

首先，制定学生个人发展目标观测体系。从道德品质、课程成绩、专业技能、心理素质、创新能力等多个维度，帮助学生制定清晰的个人发展目标。

其次，培养学生自主质量保证意识。在教学过程中，注重培养学生的自主学习能力、自我反思能力和问题解决能力。通过引导学生制定学习计划、进行自我评估、参与小组讨论等活动，让学生在实践中不断积累经验、提升能力。为学生提供个性化的指导和服务，帮助他们克服在学习与成长过程中遇到的困难和挑战。

再次，采取以学生自我规划及诊断与改进为主，学校观测督促为辅的方式进行诊断与改进。学生需要定期对自己的思想品德、学业发展、素质发展、能力培养等情况进行自我评估，并根据评估结果制定改进措施。学校则通过信息平台的数据分析功能，对学生的思想道德、学业成绩、能力培养等发展状况进行实时监控和督促。同时，为学生提供学业指导、职业规划与就业指导等服务，帮助学生根据个人发展目标进行自我诊断与改进。

最后，健全学生培养质量社会评价机制。为充分了解毕业生的培养情况、就业质量，以及用人单位和社会对毕业生的评价、对人才培养的建议和对人才的需求情况，以便及时根据社会发展需求调整人才培养目标，建立完善的毕业生跟踪反馈机制和用人单位评价、第三方机构评价构成的社会评价机制。通过对毕业生、主要用人单位的持续跟踪调研，并结合第三方专业机构的评价，定期对培养目标达成情况进行分析。根据反馈结果对培养目标的合理性以及达成情况进行评价，作为不断改进培养目标、毕业要求以及提升教学质量的依据，并将分析结果应用于专业建设的持续改进。

六、社会层面的质量诊断与改进

社会层面的质量诊断与改进主要面向用人单位、校友及其他校外利益相关方进行。建立社会评价反馈机制，对社会评价反馈工作的调研方式、调研周期、工作责任人、结果分析等各方面作出明确的规定。

社会层面的质量诊断与改进主要通过四个渠道进行。一是修订人才培养方案时组织用人单位代表以及行业专家座谈。通过举行英语专业培养方案修订论证会，以专家座谈的形式向用人单位代表和行业专家征求意见和建议，对座谈结果和其他反馈信息进行分析梳理，以提升培养方案质量。二是校园招聘会用人单位代表访谈。每年招聘季与招聘单位代表举行定期访谈，了解用人单位对人才的需求和本专业毕业生的工作状况。三是用人单位走访。每年定期组织教师深入用人单位走访，了解毕业生的工作情况，征求用人单位对毕业生的知识、能力和素质评价与改进等方面的意见和建议。四是专任教师调研。利用教师开展合作项目等各种机会对用人单位进行调研，主要了解毕业生的工作表现，以及用人单位对毕业生能力、知识结构等方面的需求。

专业教学工作指导小组对用人单位、行业企业专家等对毕业生的综合评价以及提出的意见和建议进行处理分析，形成评价结果，用于了解专业所培养学生在就业需求与状况、就业竞争力、工作能力、培养过程有效性、校友满意度等诸多方面的发展趋势，形成客观真实的跟踪反馈意见。

参考文献

一、专著

[1]　[美]约翰·S.布鲁贝克.高等教育哲学[M].王承绪,郑继伟,张维平译.杭州:浙江教育出版社,2001.

[2]　[美]伯顿·R.克拉克.高等教育新论——多学科的研究[M].王承绪,徐辉等,译.杭州:浙江教育出版社,2001.

[3]　[美]约瑟夫·罗曼.掌握教学技巧[M].洪明译,杭州:浙江大学出版社,2006.

[4]　[德]雅斯贝尔斯.什么是教育[M].邹进译,北京:生活.读书.新知,三联书店,1991.

[5]　[美]伯顿·R.克拉克.高等教育系统:学术组织的跨国研究[M].王承绪,徐辉等,译.杭州:杭州大学出版社,1994.

[6]　[美]德里克·博克.回归大学之道:对美国大学本科教育的反思与展望[M].侯定凯等,译.上海:华东师范大学出版社,2012.

[7]　袁振国.当代教育学[M].北京:教育科学出版社,2004.

[8]　中国高等教育学会.改革开放30年中国高等教育发展经验专题研究(1978—2008)[M].北京:教育科学出版社,2008.

[9]　董泽芳.高等教育的生命线——高等教育质量的理论与实践问题研究[M].武汉:武汉大学出版社,2009.

197

[10] 裴娣娜.教育研究方法导论[M].合肥:安徽教育出版社,1995.

[11] 朱超华.教师核心能力论[M].广州:广东高等教育出版社,2007.

[12] 曲世培.中国大学教育发展史[M].北京:北京大学出版社,2006.

[13] 潘懋元.潘懋元论高等教育[M].福州:福建教育出版社,2000.

[14] 施良方,崔允漷.教学理论:课堂教学的原理策略与研究[M].上海:华东师范大学出版社,1999.

[15] 边文霞.本科教学模式与大学生学习能力、就业能力关系研究[M].北京:首都经济贸易大学出版社,2012.

[16] 陆根书.大学课堂学习环境论:课堂学习环境与大学生学习及发展关系的实证分析[M].西安:西安交通大学出版社,2010.

[17] 吴军.数学之美(第二版)[M].北京:人民邮电出版社,2014.

[18] 吴艳.大学课堂教学危机研究[M].北京:北京大学出版社,2014.

[19] 孙莱祥,张晓鹏.研究型大学的课程改革与教育创新[M].北京:高等教育出版社,2005.

[20] 高友华.大学课程基本问题研究[M].镇江:江苏大学出版社,2010.

[21] 胡莉芳.高等教育课程的主要问题[M].北京:中国人民大学出版社,2017.

[22] 陈侠.课程论[M].人民教育出版社,1989.

[23] 肖正德.教学文化变革与重构.教学发展的灵魂[M].上海:华东师范大学出版社,2016.

[24] 庞海芍.通识教育:困境与希望[M].北京:北京理工大学出版社,2009.

[25] 张寿松.大学通识教育课程论稿[M].北京:北京大学出版社,2005.

[26] 钟启泉.现代课程论[M].上海:上海教育出版社,2003.

[27] 黄俊杰.全球化时代的大学通识教育[M].北京大学出版社,2006.

[28] 施良方.课程理论:课程的基础原理与问题[M].北京:人民教育出版社.1996.

[29] 教育部高等学校大学外语教学指导委员会,主编.大学英语教学指南:2020版[M].北京:高等教育出版社,2020.

[30] 张安富,张忠家,等. 中国高等教育质量与水平研究[M]. 北京:高等教育出版社,2016.

二、论文

[1] 何莲珍. 新时代大学英语教学的新要求——《大学英语教学指南》修订依据与要点[J]. 外语界,2020(04).

[2] 张文霞,李淑静. 新时代大学英语教学管理和教师发展的问题与对策——《大学英语教学指南》相关要点解读[J]. 外语界,2020(05).

[3] 王守仁.《大学英语教学指南》要点解读[J]. 外语界,2016(03).

[4] 严世清.《大学英语教学指南》与大学英语教学改革与发展[J]. 当代外语研究,2017(04).

[5] 贾国栋.《大学英语教学指南》与高校大学英语教学改革[J]. 2017(06).

[6] 贾国栋.《大学英语教学指南》中的教学方法、手段与资源[J]. 外语界,2016(03).

[7] 王海啸. 具有校本特色的大学英语教学方案探析——以9所高校为例[J]. 外语界,2018(06).

[8] 俞洪亮. 落实《大学英语教学指南》,革新教学方法与手段[J]. 外语界,2020(05).

[9] 向明友. 顺应新形势,推动大学英语课程体系建设——《大学英语教学指南》课程设置评注[J]. 外语界,2020(04).

[10] 王晶蕊. 技术整合视角下大学英语混合式教学模式的构建[J]. 高教学刊,2021(24).

[11] 杨敏. 构建大学英语教学质量保障有效机制[J]. 中国高等教育,2016,(18).

[12] 陈骏. 一流人才与一流本科教育:理念、问题与方向[J]. 中国高教研究,2018(03).

[13] 凌鹏飞. 课堂教学变革的过程哲学思考[J]. 当代教育科学, 2018(08).

[14] 杨晓奇. 聚焦品质的课堂变革:价值厘清、内涵阐释与路径选择[J]. 教育发展研究, 2015 (12).

[15] 李芒,李子运,刘洁滢. "七度"教学观:大学金课的关键特征[J]. 中国电化教育, 2019 (11).

[16] 钟秉林. 遵循教育规律建设高等教育强国[J]. 中国高等教育, 2019(02).

[17] 卫建国. 以改造课堂为突破口提高人才培养质量[J]. 教育研究, 2017(06).

[18] 周光礼. "双一流"建设中的学术突破——论大学学科、专业、课程一体化建设[J]. 教育研究, 2016 (5).

[19] 别敦荣,齐恬雨. 论我国一流大学通识教育改革[J]. 江苏高教, 2018 (01).

[20] 别敦荣. 一流大学本科教学的性质、特征及建设路径[J]. 中国高教研究, 2016 (08).

[21] 别敦荣. 大学课堂革命的主要任务、重点、难点和突破口[J]. 中国高教研究, 2019 (06).

[22] 张凤宝. 聚焦课程建设 提高教学质量[J]. 中国大学教学, 2015 (04).

[23] 张铭凯. "双一流"建设与课程变革[J]. 高校教育管理, 2018 (03).

[24] 李硕豪. 论一流本科教育的基本特征[J]. 中国高教研究, 2018 (07).

[25] 张华峰,史静寰. 走出"中国学习者悖论"——中国大学生主体性学习解释框架的构建[J]. 中国高教研究, 2018 (12).

[26] 杨清. 课堂深度学习:内涵、过程和策略[J]. 当代教育科学, 2018(09).

[27] 杨聚鹏,梁瑞. 大数据时代大学课堂教学模式面临的挑战与变革[J]. 电化教育研究, 2017 (08).

[28] 张男星,黄海军,孙继红,王春春. 大学师生双重视角下的本科教育多维评价——基于全国高等教育满意度调查的实证分析[J]. 中国高教研究, 2019 (07).

[29] 陈凡. 以学生为中心的教学何以可能——基于51所大学本科课堂现

状的实证研究[J]. 高等教育研究, 2017(10).

[30] 段华洽, 梁雯. 影响高校本科课堂教学质量微观因素试析[J]. 中国高等教育, 2010(Z1).

[31] 彭济根, 朱旭, 许晓革, 等. 制订课程质量评估指标体系的六个要素[J]. 中国大学教学, 2010(09).

[32] 哈斯巴根. 高校课堂教学质量结构方程模型构建与应用——教师评价的视角[J]. 高校教育管理, 2013(04).

[33] 汤俊雅. 我国一流大学本科教学改革与建设实践动向[J]. 中国高教研究, 2016(07).

[34] 刘耀明. 课堂文化的诠释与重塑[J]. 教育理论与实践, 2003(23).

[35] 范钦珊, 鞠平, 伍贻兆. 提高课堂教学质量是提高教育质量的关键[J]. 中国大学教学, 2003(11).

[36] 范钦珊, 鞠平. 把课堂教学放在抓质量的突出位置[J]. 中国高等教育, 2003(21).

[37] 马早明, 高皇伟. 大学通识教育价值取向的演进与转向[J]. 教育研究, 2016(04).

[38] 冯惠敏, 黄明东, 左甜. 大学通识教育教学质量评价体系及指标设计[J]. 教育研究, 2012(11).

[39] 刘恒坤, 黄莉. 浅谈提高大学课堂教学质量的途径[J]. 课程教育研究, 2016(28).

[40] 张聪, 吴光照, 赵川平, 杨金泉. 课堂教学质量评价结果不可比性的实证研究[J]. 高等工程教育研究, 2003(03).

[41] 袁春. "互联网+"模式下的大学英语教学改革[J]. 课程教育研究, 2018(45).

[42] 程敬恭. 高校公共基础课教师队伍建设刍议[J]. 中国高教研究, 2002(11).

[43] 龙永红, 汪霞. "双一流"建设背景下通识教育的价值特征、困境及突破[J]. 当代教育科学, 2017(11).

[44] 高江勇,周统建.大学课程改革究竟需要改什么?[J].中国大学教学,2018(05).

[45] 崔凯.多元教育质量观视域下高校教育质量保障体系的构建路径[J].黑龙江高教研究,2018,36(05).

[46] 林莘.基于学习共同体的课堂教学模式构建研究[J].教育评论,2018(04).

[47] 王瑞华.高校教育质量管理制度创新与执行力优化对策分析[J].中国成人教育,2018(06).

[48] 赵春鱼,吴华.高校教学质量保障:一个新的分析框架及其检验[J].高校教育管理,2018(02).

[49] 姜辉.网络时代高校课堂教学改革思路及对策探讨[J].中国教育信息化,2018(01).

[50] 王宇宁.提升高等教育质量的路径研究[J].中国成人教育,2017(12).

[51] 徐玉玲,刘达玉,胡一冰,刘涛.质量管理视角下的高等教育教学质量保障体系构建研究[J].教育与教学研究,2017(05).

[52] 郭文革.高等教育质量控制的三个环节:教学大纲、教学活动和教学评价[J].中国高教研究,2016(11).

[53] 刘恒坤,黄莉.浅谈提高大学课堂教学质量的途径[J].课程教育研究,2016(28).

[54] 刘振天.系统·刚性·常态:高等教育内部质量保障体系建设三个关键词[J].中国高教研究,2016(09).

[55] 贾佳,彭拥军.高等教育质量观演进的逻辑[J].江苏高教,2016(02).

[56] 刘剑虹,汪贤泽.建国五十年高校课程理论研究概述与分析[J].清华大学教育究,2002(01).

[57] 何仁龙,马晓娜,潘艺林.影响大学本科基础课程教学质量的因素分析[J].教育发展研究,2004(12).

[58] 王伟廉.高校课程管理:中国高校教学改革亟待开发的研究领域[J].江苏高教,2001(2).

[59]　唐安奎.高校公共课程的问题与评价价值取向的改进[J].大学教育科学,2006(03).

[60]　董耘.高校公共课大班教学质量审视[J].教育与职业,2006(02).

[61]　朱守信.高等教育质量管理时尚论:反思与重视[J].江苏高教,2018(11).

[62]　计国君,邬大光,薛成龙.内部质量保障的质量信息披露动力机制研究[J].高教探索,2018(08).

[63]　钱明霞,毛志慧,郑建双.高校课堂教学质量公平性评价模型的构建——基于学生评价的视角[J].教育教学论坛,2019(34).

[64]　庞海芍,郇秀红.素质教育与大学教育改革[J].中国高教研究,2015(09).

[65]　马雷蕾.高校课堂教学质量评价体系构建[J/OL].中国成人教育,2018(21).

[66]　王健.课程改革中的教学变革:若干困境与现实选择[J].教育学报.2008(4).

[67]　潘维真.高校课程管理改革的理性思考[J].教育评论,2008(03).

[68]　刘恒坤,黄莉.浅谈提高大学课堂教学质量的途径[J].课程教育研究,2016(28).

[69]　王宇宁.提升高等教育质量的路径研究[J].中国成人教育,2017(12).

[70]　穆肃,董经,唐冬梅,周艳洁.信息化课堂教学中教师行为对学生活动的影响[J].中国电化教育,2019(08).

[71]　曾广录,詹琳 新技术手段影响本科院校课堂教学效果的实证研究[J].江苏高教,2019(09).

[72]　朱艳."互联网+"背景下教学改革的创新与价值重构[J].教学与管理,2017(36).

[73]　李志鸿."互联网+"背景下大学教学文化探析[J].西南交通大学学报(社会科学版),2018(01).

[74]　莫欣,孙晓枫,谢寅波."双一流"建设中的本科教育改革目标和方向

研究[J].教育教学论坛,2018(06).

[75] 许辉.基于人本主义理论的大学英语分层教学实践探索[J].教育评论,2018(09).

[76] 李福华.高等教育质量:内涵、属性和评价[J].现代大学教育,2003(02).

[77] 余小波.高等教育质量概念:内涵与外延[J].高教发展与评估,2005(06).

[78] 李博,周萍.数据治理赋能高校"四新"专业教学质量保障:实践阻塞与路径选择[J].中国大学教学,2023,(06).

[79] 张智光.一流教学质量体系的系统性障碍与集成化再造[J].高教发展与评估,2021,37(06).

[80] 刘卫东,黄蕾,冯若雯.基于OBE人才培养模式的本科教学质量管理体系重构[J].国家教育行政学院学报,2021,(10).

[81] 宫华萍,尤建新.基于TQM的高校在线教学质量因素与短板改进研究[J].中国电化教育,2021,(10).

[82] 张安富,张华.高校教育质量治理:质量保障体系设计与运行[J].中国大学教学,2020,(09).

[83] 姚志琴,万姝.高校学生评教的"功利化"倾向及反思[J].江苏高教,2020,(09).

[84] 马凤岐.我国高校教学质量管理中的僭越[J].大学教育科学,2020,(02).

[85] 刘坚,黄钰莹,颜李朝.课堂教学评价数据挖掘与分析[J].湖南师范大学教育科学学报,2019(02).

[86] 花伟,张丽艳,丁国勇.基于CMMI的高校本科教学过程管理机制探索[J].湖北社会科学,2018(11).

[87] 许祥云.高校内部本科教学质量标准:概念界定与体系构建[J].清华大学教育研究,2018(03).

[88] 赵春鱼,吴华.高校教学质量保障:一个新的分析框架及其检验[J].高校教育管理,2018(02).

[89] 刘强. 论我国高校教学质量保障体系价值理念与行为模式的重构[J]. 江苏高教, 2018, (02).

[90] 吴岩. 一流本科 一流专业 一流人才[J]. 中国大学教学, 2017 (11).

[91] 王小明. 我国高校教学质量研究：轨迹、热点及未来走向——基于高等教育十四种核心期刊的 Citespace 可视化分析[J]. 教育学术月刊, 2018 (01).

[92] 曲霞, 杨晓彤. 中国高等教育质量研究十五年的话题演进与前沿趋势——基于 CSSCI 数据库 2000—2014 年论文关键词共现知识图谱分析[J]. 中国高教研究, 2015 (09).

[93] 王为正, 孙芳, 李玉. 大学内涵式发展背景下的教学质量管理探究[J]. 中国高教研究, 2015 (04).

三、学位论文

[1] 贾振霞. 大学英语混合式教学中的有效教学行为研究[D]. 上海外国语大学, 2021.

[2] 张建佳. 大学英语教学融合性价值取向及其实现研究[D]. 西南大学, 2018.

[3] 马琴. 大学英语个性化教学研究[D]. 西南大学, 2017.

[4] 张建佳. 大学英语教学融合性价值取向及其实现研究[D]. 西南大学, 2018.

[5] 贺新向. 基于课堂教学改革的学校组织变革研究[D]. 华东师范大学, 2017.

[6] 牛亏环. 大学生学习过程评价研究[D]. 上海师范大学, 2015.

[7] 黄元国. 大学卓越教学研究[D]. 湖南师范大学, 2014.

[8] 董垌希. 中外高校本科人才培养质量保障体系比较研究[D]. 中国地质大学(北京), 2013.

[9] 白洁. 我国高校课程管理制度改革研究[D]. 武汉理工大学, 2015.

四、外文文献

[1]　Tomlinson B & H Masuhara. The Complete Guide to the Theory and Practice of Materials Development for Language Learning[M]. Hoboken:Wiley-Blackwell,2018.

[2]　Harvey L GREEEN D.Defining quality [J].Assessment Evaluation in Higher Education,1993,18.

[3]　Appova A & F Arbaugh.Teachers,Motivation to Learn:Implications for Supporting Professional Growth.Professional Development in Education,2018.

[4]　Bakkenes L, J D Vermunt T.Wubbels.Teacher Learning in the Context of Educational Innovation: Learning Activities and Learning Outcomes of Experienced Teachers.Learning & Instruction,2010.

[5]　BeijaardD, P C.Meijer & N.Verloop.Reconsidering Research on Teachers' Professional Identity.Teaching and Teacher Education,2004.

[6]　Canniveng C & M Martinez. Materials Development and Teacher Training [C]//Tomlinson B. Developing Materials for Language Teaching. London: Bloomsbury, 2014.

[7]　McDonough J, Shaw C & H Masuhara. Materials and Methods in ELT[M]. Chichester: John Wiley &Sons, 2013.

[8]　Ochoma M U. Curriculum Content and the Issue of Relevance in the 21st Century Classroom[J]. International Journal on Integrated Education, 2020.

[9]　Rodgers T. Syllabus Design, Curriculum Development and Polity Determination[G] // R. K. Johnson. The Second Language Curriculum. New York: Cambridge University Press,1989.